MASSIMO WOLKE

SUCHSEL EXTREM
BAND 1

SCHIMPFWORT WORTSUCHRÄTSEL

MASSIMO WOLKE

SUCHSEL EXTREM
BAND 1

SCHIMPFWORT WORTSUCHRÄTSEL

Bibliografische Information der Deutschen Nationalbibliothek:
Die Deutsche Nationalbibliothek verzeichnet diese Publikation in der Deutschen
Nationalbibliografie; detaillierte bibliografische Daten sind im Internet über
http://dnb.dnb.de abrufbar.

© 2018 Massimo Wolke
Herstellung und Verlag:
BoD – Books on Demand, Norderstedt

ISBN: 978-3-7528-3471-0

DEUTSCHE SCHIMPFWÖRTER
STUFE 2
SUCHSEL 1

```
W  P  S  K  E  C  R  E  U  K  W  Y  S  U  N  P  L  W  A  V
C  Y  R  C  I  S  E  L  A  I  Z  R  A  L  U  G  B  K  Z  G
D  R  E  T  U  D  S  M  M  U  T  B  H  E  L  L  C  O  O  Q
A  H  Z  I  M  P  E  R  L  I  E  S  E  E  L  Q  L  R  G  L
O  A  T  D  F  I  S  C  H  K  O  P  F  A  P  S  G  R  T  T
Y  R  T  O  S  W  S  O  U  S  Y  I  R  Y  E  P  K  I  U  K
E  I  R  R  C  N  E  Y  S  Y  O  T  D  W  I  H  S  N  K  D
C  D  Y  F  H  X  L  Y  A  Z  O  R  L  Z  L  R  P  T  J  B
E  F  S  M  L  G  P  A  S  S  A  M  A  T  E  U  R  H  P  A
N  K  S  A  I  Z  U  S  A  T  A  N  S  B  R  A  T  E  N  R
B  D  A  T  T  F  P  E  B  Ü  K  M  S  M  C  U  T  N  A  N
S  O  L  R  Z  N  S  J  N  M  L  E  Y  Q  H  U  C  K  C  O
L  N  U  A  O  R  E  C  J  P  S  Y  C  H  O  L  N  A  T  Z
L  W  S  T  H  A  R  M  L  E  U  C  H  T  E  R  S  C  L  D
P  T  C  Z  R  K  A  X  L  R  P  S  I  I  Q  H  B  K  U  Q
C  Q  H  E  U  L  B  O  J  E  E  L  C  S  S  F  Y  E  V  W
V  F  E  U  M  T  T  S  Z  B  C  R  B  G  S  B  J  R  V  F
B  X  Q  E  I  F  B  E  I  ß  Z  A  N  G  E  A  M  H  M  W
A  K  N  U  P  C  B  C  J  T  B  V  I  F  Y  O  Z  N  H  T
E  C  I  U  D  Z  V  T  F  H  W  G  Y  L  Y  G  D  D  W  Z
```

AMATEUR – ARMLEUCHTER – BEIßZANGE – DORFMATRATZE – FISCHKOPF – HEULBOJE – KORRINTHENKACKER – LUSCHE – NULLPEILER – PSYCHO – SATANSBRATEN – SCHLITZOHR – SESSELPUPSER – STÜMPER – ZIMPERLIESE

DEUTSCHE SCHIMPFWÖRTER
STUFE 1
SUCHSEL 2

W	I	E	N	K	X	A	F	F	E	N	F	U	R	Z
C	I	Z	H	P	U	B	L	Ö	D	M	A	N	N	Z
T	O	R	F	K	O	P	F	R	H	C	R	H	S	U
F	R	F	H	T	P	G	F	W	U	Z	D	H	H	D
T	E	E	M	P	P	E	U	A	R	Z	G	X	L	R
E	X	I	A	I	Y	G	R	N	E	Z	I	S	U	Ü
E	U	G	U	M	J	S	Z	D	N	I	R	C	F	C
H	E	L	S	A	C	K	G	E	S	I	C	H	T	K
E	K	I	P	A	U	K	E	R	O	X	G	L	I	E
N	E	N	U	F	C	W	S	P	H	X	F	A	K	B
F	U	G	T	F	W	N	I	O	N	R	C	M	U	E
K	O	T	Z	B	R	O	C	K	E	N	Z	P	S	R
J	M	E	E	L	Y	B	H	A	R	N	D	E	H	G
N	B	U	R	V	J	Z	T	L	P	U	C	N	V	E
N	E	A	N	D	E	R	T	A	L	E	R	N	F	R

AFFENFURZ – AUSPUTZER – BLÖDMANN – DRÜCKEBERGER
– FEIGLING – FURZGESICHT – HURENSOHN – KOTZBROCKEN
– LUFTIKUS – NEANDERTALER – PAUKER – SACKGESICHT –
SCHLAMPE – TORFKOPF – WANDERPOKAL

ÖSTERREICHISCHE SCHIMPFWÖRTER
STUFE 3
SUCHSEL 3

```
O Q Z Y U Z U V F A A R X Z H X O T T H
I K E U U Z F I L C C B O F G S X U I C
X Y B N N V K Y T I Y R E U J E O P R D
B Y P J G R I I D B C L T P K R U X E D
K L B L U Z A Z Q D J B P V I H S L S R
H M T I S N C T D O D E L U Z D H J C A
L Y N S T R I Z Z I V V O I D O I M H U
S S O K L A D D L O L S V P T N M C A S
R K E I F N M K C U L M S M X Z L R N C
B S R R G P H C M R Y V M M O U B B I H
S I J E T P E K W W W J G F D E U I R K
U P J D L F U S H S H J A A A D T J R I
F A B S A Y N F V I P I O Q P T O K L N
F G S W T G N U T H V O R F E H G Y S D
C Y Z C E J C N D U R Y I N Q L O R K W
H U Q H X E G Z A E G R E D I W S K U S
S U S B N S X N B H L P I C I G B B E S
S F G S C H I S S A N A I U Q U R Y O G
S Z Y Z I S E S W Q H P U K K W K O H M
A H H H V P F O S T N Y K G F T Q G W U
```

BLITZBIRN – BLUZA – BSUFF – DODEL – FUNZN –
GSCHISSANA – HIRNI – KEIFN – NUDELAUG – PFOSTN –
RAUSCHKIND – SCHANI – STRIZZI – UNGUSTL – VOIDOIM

DEUTSCHE SCHIMPFWÖRTER
STUFE 1
SUCHSEL 4

```
D  H  A  U  S  D  R  A  C  H  E  L  A  I  H
K  S  Z  Y  C  A  D  P  L  Ü  M  M  E  L  H
Q  E  I  Q  H  Y  X  A  Y  V  U  T  F  Q  B
H  K  C  U  M  J  Q  R  I  W  S  Z  B  Q  K
A  N  K  P  I  P  B  T  A  Z  T  E  X  U  N
R  O  E  Y  E  R  N  Y  N  I  I  R  V  Ä  A
S  B  E  T  R  I  E  B  S  U  N  F  A  L  L
C  H  D  T  F  P  B  R  U  Z  K  S  K  G  L
H  E  F  K  I  O  X  E  D  K  S  C  B  E  K
G  G  L  I  N  C  S  M  C  R  T  C  Z  I  O
E  O  A  W  K  A  A  S  G  E  I  E  R  S  P
I  I  S  O  I  Z  D  E  K  M  E  Q  T  T  F
G  S  C  V  H  H  I  P  S  C  F  G  N  R  G
E  T  H  O  L  Z  K  O  P  F  E  K  E  B  U
C  C  E  U  G  B  I  D  Ä  M  L  A  C  K  Q
```

AASGEIER – ARSCHGEIGE – BETRIEBSUNFALL – DÄMLACK –
EGOIST – FLASCHE – HAUSDRACHE – HOLZKOPF –
KNALLKOPF – LÜMMEL – PARTYBREMSE – QUÄLGEIST –
SCHMIERFINK – STINKSTIEFEL – ZICKE

DEUTSCHE SCHIMPFWÖRTER
STUFE 2
SUCHSEL 5

```
S I R U N S H O L H N Y H Z W B T L C Y
O L T G Z T O G D A E I U R I L R U Y S
H X Q R Y V C K V P Y Z V M A U R I L S
O N U P G Z H Z J N S T S I P T C Y T E
B E A A N G S T H A S E L D E S X D D W
T B D R R W T O W R A R G S C A A U M H
K R R A M P A O T R F H C C B U E U J X
F W A G R Z P E G S T Y S J K G Y I D H
H G T R I Q L V E F S T E A U E O I H W
N T S A Y V E N B L A I V R R R U U X R
Q K C F I I R E S A C B J C P L B P W S
L W H E L S D X S N K C A L F Q Z H B G
F W Ä N Q Z N D R D B U E I U Y D A O E
Y E D R J R B R R E V Y Q R S E Y Z B X
O Q E E N F Q H W I Y U J D C G F T D A
J P L I F S C H L A P P S C H W A N Z Q
K L E T T E V C B A N A U S E D W U V B
V O G E L S C H E U C H E X R U V T V E
O R X R H E U L N L T O A Q G S T T Q E
E T T G U J A M M E R S A C K T O E T J
```

ANGSTHASE – BANAUSE – BLUTSAUGER – HOCHSTAPLER –
JAMMERSACK – KLETTE – KURPFUSCHER – LANDEI – NARR
– NUTTE – PARAGRAFENREITER – QUADRATSCHÄDEL –
SAFTSACK – SCHLAPPSCHWANZ – VOGELSCHEUCHE

DEUTSCHE SCHIMPFWÖRTER
STUFE 2
SUCHSEL 6

```
Y Y D S D A S I S Z Z Y G N F X C K I R
I X R O K M D W E I C H B I R N E A S E
S G E K F U R I E H O C R F V D A D K D
B T C T W T Z N C A D R S Z V W U R P R
K J K K Q T F D S T U B E N F L I E G E
I I S O C E X H R O M R C V K A N I K G
O A A Q O R F U N A M I O Z R F F K Z U
F N C U B S F N W T K L H A Z X Y Ä S U
N Z K A Q Ö R D Y A O L M A M L G S S A
Z U N R I H Q O K V P E C W N I B E I G
T G P K O N R J L H F N N A G B P H T N
E A G T R C M U A K V S Y O R K A O Z F
J F J A Z H R C O N E C F H U W Z C P A
J F S S Z E J E L B U H Y V F N G H I K
C E J C M N A P O S F L S R T C Z Z N T
H P D H V D W O P Z H A G R I T M R K W
H X I E A N D A K Y S N E W G N O H L M
I D P Z S E W F L I E G E N F Ä N G E R
T K Y J B A B Y F A C E T A X S R T R R
U G C I V M G Y U A W U K M A W F A F C
```

ANZUGAFFE – BABYFACE – BRILLENSCHLANGE – DRECKSACK –
DREIKÄSEHOCH – DUMMKOPF – FLIEGENFÄNGER – FURIE –
GRUFTI – MUTTERSÖHNCHEN – QUARKTASCHE – SITZPINKLER –
STUBENFLIEGE – WEICHBIRNE – WINDHUND

DEUTSCHE SCHIMPFWÖRTER

STUFE 1

SUCHSEL 7

```
L  Z  L  E  R  B  S  E  N  Z  Ä  H  L  E  R
I  O  R  C  H  A  C  K  F  R  E  S  S  E  Y
S  U  E  U  M  L  H  L  U  D  E  R  R  T  V
Y  S  H  I  Z  Y  W  T  P  F  O  R  A  P  Z
N  R  C  S  J  T  A  J  Q  K  K  V  R  I  B
Z  O  M  B  I  E  C  E  P  L  G  V  S  S  D
B  Q  F  I  L  T  H  P  W  W  A  F  C  S  O
N  U  L  L  N  U  M  M  E  R  O  F  H  N  O
W  A  B  S  C  H  A  U  M  P  N  M  L  E  F
N  U  L  E  Z  S  T  R  E  B  E  R  O  L  B
T  T  U  M  L  M  I  S  T  S  T  Ü  C  K  A
C  N  J  D  F  X  K  N  W  P  R  X  H  E  C
I  U  O  E  W  B  E  S  T  I  E  M  C  Z  K
K  A  M  E  L  T  R  E  I  B  E  R  G  D  E
R  O  T  Z  B  E  N  G  E  L  Q  U  O  G  L
```

ABSCHAUM – ARSCHLOCH – BESTIE – DOOFBACKE –
ERBSENZÄHLER – HACKFRESSE – KAMELTREIBER – LUDER –
MISTSTÜCK – NULLNUMMER – PISSNELKE – ROTZBENGEL –
SCHWACHMATIKER – STREBER – ZOMBIE

DEUTSCHE SCHIMPFWÖRTER
STUFE 2
SUCHSEL 8

```
L H O N I G K U C H E N P F E R D K R A
D J S E O P B K R I D E C G J L Q B O D
I S C H A U M S C H L Ä G E R R T L R E
L T Z L E P A R R V S I W I U A M Ö D S
E R S U X S P I N N E R F Z A B I D L D
T E N M U G F U C S K M T K X I U I T V
T U A P N E X H K D R P R R J K R A R M
A E S B A S T A R D A U M A V G C N D E
N C E H R I W M W U T R S G A A R S C H
T G N F P C S M I G Z N R E Y G N S W Q
Y W B E O H X E H R B F H N W O O B I N
K Z O A H T H L V C Ü B D Q U L W X G U
Z T H D A W N J P X R D W H N D H Q T U
O K R A H S K R Y C S E K I I X W K D C
Q J E U H F O W L F T E M P B H L R Z G
Y U R I A P C K A B E L T R Ä G E R Z P
E P I J X B E L Q X T J Q Q U I R M R P
D U R D Y U L C T I C H A U V I N I S T
U H K U U S B A N P N X P U J L O A G U
F O T L L E L U C Q P Z P E T D C R A T
```

ARSCH – BASTARD – BLÖDIAN – CHAUVINIST – DILETTANT – GEIZKRAGEN – HAMMEL – HONIGKUCHENPFERD – KABELTRÄGER – KRATZBÜRSTE – LUMP – NASENBOHRER – PUPSGESICHT – SCHAUMSCHLÄGER – SPINNER

DEUTSCHE SCHIMPFWÖRTER

STUFE 2

SUCHSEL 9

```
B  I  G  G  W  Z  H  I  L  H  I  R  S  C  H  K  V  P  X  Y
Y  C  O  C  Z  G  K  O  F  F  E  R  M  U  U  L  D  Y  R  R
Y  Z  U  L  H  H  E  P  S  G  E  X  N  T  S  U  D  Z  O  O
H  T  F  S  A  O  T  L  V  L  E  J  G  J  U  G  G  H  D  R
Y  L  M  P  S  U  C  X  J  K  D  R  E  C  K  S  A  U  H  O
D  C  R  B  E  D  V  N  K  X  X  B  U  F  C  K  K  M  E
C  B  L  I  N  D  S  C  H  L  E  I  C  H  E  H  M  Q  J  F
R  Z  S  U  F  P  A  N  T  O  F  F  E  L  H  E  L  D  I  V
M  R  B  T  U  R  R  P  Q  V  E  F  I  D  V  I  V  N  S  N
Ü  O  Z  P  ß  I  S  F  D  N  T  R  A  U  C  ß  W  S  C  K
C  E  D  P  W  M  C  E  C  W  T  E  F  I  U  E  H  H  H  T
K  R  R  L  R  I  H  R  W  T  S  C  O  T  X  R  P  E  O  C
E  F  A  B  A  T  G  D  Q  Z  A  H  V  G  L  U  A  U  ß  S
N  C  O  M  V  I  E  E  K  Z  C  D  W  L  E  O  R  A  H  M
H  R  A  D  Q  V  S  A  P  E  K  A  U  L  U  B  Y  A  U  W
I  Y  R  Z  Q  L  I  R  R  O  E  C  M  K  O  H  X  U  N  R
R  Z  R  S  H  I  C  S  N  U  T  H  T  K  V  G  S  L  D  I
N  H  A  J  R  N  H  C  I  D  J  S  Z  H  D  Y  U  N  R  Q
W  W  T  K  E  G  T  H  L  A  C  K  A  F  F  E  Y  L  C  A
I  D  D  K  B  F  U  S  T  S  V  M  B  U  D  V  R  B  A  N
```

ARSCHGESICHT – BLINDSCHLEICHE – DRECKSAU – FETTSACK – FRECHDACHS – HASENFUẞ – HIRSCH – KLUGSCHEIẞER – KOFFER – LACKAFFE – MÜCKENHIRN – PANTOFFELHELD – PFERDEARSCH – PRIMITIVLING – SCHOẞHUND

DEUTSCHE SCHIMPFWÖRTER
STUFE 1
SUCHSEL 10

```
R G H E U L S U S E X U T P U
L B D U M M B E U T E L Q X A
D N L H K V T B A G A G E M K
S C H L A F T A B L E T T E Y
D D S C H Ü R Z E N J Ä G E R
U Y N E R V E N S Ä G E U E O
B R E M S E R B I T C H I W Y
W I L D S C H W E I N V F B F
J E L Ü G E N B A R O N Y G R
I S R S D N O R S J C K E J A
C A L K H S R V T B K G K S T
E O D B P G X T U S S I R Q Z
R P I C K E L G E S I C H T E
G K L E I N G E I S T N R N P
D Q N X A N A L A K R O B A T
```

ANALAKROBAT – BAGAGE – BITCH – BREMSER – DUMMBEUTEL – FRATZE – HEULSUSE – KLEINGEIST – LÜGENBARON – NERVENSÄGE – PICKELGESICHT – SCHLAFTABLETTE – SCHÜRZENJÄGER – TUSSI – WILDSCHWEIN

SCHWEIZER SCHIMPFWÖRTER
STUFE 3
SUCHSEL 11

```
T  Q  I  K  B  Z  U  M  Q  M  A  K  F  D  P  Y  I  M  A  X
C  I  L  H  H  Q  H  V  R  O  M  A  B  E  T  M  T  P  R  V
V  I  M  V  I  Y  O  D  I  D  M  J  T  K  G  V  V  F  Q  Q
U  D  S  I  O  L  R  Q  U  Z  C  H  E  S  S  Ä  R  H  W  E
C  N  B  P  Q  B  N  P  N  I  S  K  B  H  C  B  H  D  I  S
J  A  H  U  Z  A  O  X  D  C  N  I  S  X  A  H  S  Y  H  I
H  H  Q  L  B  N  C  N  Y  N  E  L  R  V  B  B  O  G  B  T
F  H  Q  X  A  I  H  W  I  N  J  N  S  G  Q  I  A  O  S  G
W  P  O  E  Z  G  S  S  I  V  V  I  B  Q  H  F  Q  S  L  W
T  Q  F  K  B  H  G  V  I  I  M  B  Y  O  P  C  L  Z  C  I
G  J  H  L  S  C  H  O  F  S  E  C  K  E  L  K  N  R  I  H
K  U  V  G  O  A  H  X  P  K  L  Y  H  H  O  U  Y  G  N  Z
N  P  A  H  I  C  X  D  Y  L  A  P  P  I  V  T  R  I  E  W
I  I  L  E  N  G  K  L  W  N  U  B  Q  Ü  G  N  D  A  E  N
R  G  H  A  I  G  U  Z  Ö  W  E  D  P  I  Ü  S  A  E  A  N
G  P  Y  Y  G  Y  S  J  J  L  R  M  G  Q  E  R  X  A  E  F
T  M  I  C  G  Ö  U  B  V  N  I  O  I  A  E  D  U  J  H  I
H  G  V  G  E  E  Ö  C  O  E  Z  G  F  K  M  A  N  G  A  S
X  N  B  W  L  P  U  R  G  T  H  T  U  R  Y  X  O  A  H  P
U  I  D  Y  M  V  D  G  I  L  H  P  Q  N  S  Ü  R  M  E  L
```

BUBI – CHESSÄ – GIGU – HABASCH – HORNOCHS – LAPPI –
LAUERI – LÖLI – PFLOCK – PLAGÖÖRI – PÜÜRU –
SCHOFSECKEL – SOINIGGEL – SÜRMEL – TSCHOOLI

DEUTSCHE SCHIMPFWÖRTER
STUFE 2
SUCHSEL 12

```
C T H D C D N J P D Y W N Z Y B D X Z O
W T V L A I P S R S M O F R V B T I T T
H C S U I E C I B E T D X T F T D A G L
M E Q H M N S C H N E P F E I P A T H Y
Z B U Q L C C V Y W Y V S Z V R I T Z M
G A A C L S C H E R Z K E K S Y N Q V I
Q I T G S R H E D R A C H E Y W E U D L
D L S A C A H A E A C A Q J G K A U C
L P C R H S Z T H B E H J M T A E C M H
S C H R E C K S C H R A U B E G L K P G
I Z K E I H Y F L I T T C H E N P S F E
Q U O A N N W Y A C Z C M T R R A A B S
Y S P U H Ö D M H D H S L I T M K L A I
R H F D E S U K M J W L G F P D E B C C
A U M H I E M P A P P N A S E M T E K H
W W H E L L M R R Y Y S T K L Q N R E T
L Z S F I Z B E S Y D E R X V D G N O N
F D H T G S A B C X B Z N U B Y A W I S
L E O U E T T W H F L R E R P N B N D S
I V I K R A Z H Z V E M X Y I O P B J Q
```

DRACHE – DUMMBATZ – DUMPFBACKE – EKELPAKET –
FLITTCHEN – LAHMARSCH – MILCHGESICHT – PAPPNASE –
QUACKSALBER – QUATSCHKOPF – SCHEINHEILIGER –
SCHERZKEKS – SCHNEPFE – SCHNÖSEL – SCHRECKSCHRAUBE

DEUTSCHE SCHIMPFWÖRTER

STUFE 1
SUCHSEL 13

```
L  T  K  A  O  A  H  O  H  L  K  O  P  F  G
L  E  Q  N  I  U  D  N  W  S  O  G  E  J  I
I  M  K  I  R  S  N  H  B  C  B  P  O  E  F
K  A  R  N  V  L  P  K  E  H  O  E  N  U  T
U  N  H  I  P  A  A  H  V  M  L  Q  R  U  M
U  G  D  J  F  U  U  P  S  U  D  I  N  M  I
S  E  O  T  V  F  S  R  K  T  Y  T  A  A  S
C  B  L  H  Q  M  E  O  G  Z  S  S  S  U  C
G  E  M  Y  T  O  N  L  M  F  P  P  E  L  H
N  R  S  D  E  D  C  E  F  I  Z  I  W  H  E
Q  U  A  S  S  E  L  T  A  N  T  E  E  E  R
P  A  Z  V  Z  L  O  L  A  K  O  ß  I  L  C
K  M  P  O  V  L  W  V  P  H  K  E  S  D  Z
L  E  R  B  S  E  N  H  I  R  N  R  M  T  J
S  I  B  L  Ö  D  A  R  S  C  H  R  Y  P  B
```

ANGEBER – AUSLAUFMODELL – BLÖDARSCH – DOLM –
ERBSENHIRN – GIFTMISCHER – HOHLKOPF – KOBOLD –
MAULHELD – NASEWEIS – PAUSENCLOWN – PROLET –
QUASSELTANTE – SCHMUTZFINK – SPIEßER

DEUTSCHE SCHIMPFWÖRTER
STUFE 3
SUCHSEL 14

```
I  S  W  M  S  T  I  N  K  S  T  I  E  F  E  L  G  S  N  Y
M  T  I  A  D  C  A  C  H  V  V  R  S  K  S  W  S  A  C  A
W  I  L  D  S  C  H  W  E  I  N  H  R  W  A  Z  R  U  R  U
A  U  A  M  X  U  V  W  P  T  O  W  S  P  I  E  ß  E  R  S
Q  I  T  Q  X  N  A  F  A  W  D  Q  I  A  R  T  P  A  D  L
H  O  O  B  E  R  A  R  S  C  H  L  O  C  H  F  W  K  J  A
A  D  V  R  Z  P  R  H  E  I  H  J  O  G  L  A  C  L  B  U
W  J  V  F  J  F  R  X  K  R  D  M  Y  T  R  I  K  F  R  F
Z  A  Y  R  D  E  O  O  E  M  W  B  A  N  A  U  S  E  U  M
O  R  P  P  K  A  R  M  L  E  U  C  H  T  E  R  V  N  J  O
X  S  H  S  M  U  M  N  P  E  M  M  P  D  I  F  O  Z  K  D
G  C  U  D  A  N  I  G  A  O  T  V  O  D  N  K  L  Y  P  E
K  H  D  Z  N  F  S  B  K  K  H  N  A  F  R  N  E  G  V  L
E  G  S  D  G  M  T  O  E  X  H  J  K  U  W  H  F  R  Q  L
B  E  G  W  E  L  S  S  T  S  E  Y  H  K  K  J  W  U  Q  H
P  I  Z  P  B  C  T  V  A  P  X  F  E  L  Q  C  P  F  B  Y
U  G  V  H  E  C  Ü  T  Y  C  S  Y  S  X  W  W  R  T  E  W
H  E  S  X  R  V  C  R  M  M  K  O  T  X  I  I  Z  I  A  E
I  E  C  F  Q  V  K  T  J  M  I  A  U  D  N  U  Q  H  S  T
L  L  E  Z  E  S  A  H  C  X  H  F  U  K  J  P  U  E  E  B
```

ANGEBER – ARMLEUCHTER – ARSCHGEIGE – AUSLAUFMODELL –
BANAUSE – EKELPAKET – GRUFTI – MISTSTÜCK –
OBERARSCHLOCH – PROLET – SAFTSACK – SCHWACHMATIKER –
SPIEßER – STINKSTIEFEL – WILDSCHWEIN

DEUTSCHE SCHIMPFWÖRTER
STUFE 2
SUCHSEL 15

```
L U T D N A U D A E K V M A S G Q O P V
Q L C E T V H U F Q M M H L T P R J O N
D X S Z U E E J B A B Y F A C E B Q F H
F R C A I J U H N L F I R I B V T O T D
I K H F T D C R Z X A S O W T B H S U E
I F N I K I H Y C A Q T Z I H D P B N D
O P E H L F L O R W E F M N Z P I H Q B
B S C H A R E G Y F C K W D H Z H U E S
E D K A M E R A D E N S C H W E I N O P
R I E M M A Z H U H C E B U G K I D Y L
A D N P E J B B L Ö D M A N N P S E C N
R T E E R U O Q B I Z Q S D N F Z S W E
S F H L A X L C V U V L T N V E T O T X
C M T M F K R E S M D T A S Z I Y H L H
H T D A F Y S C H N O R R E R F Q N H F
L I M N E J V J S I F T D I P E R X J R
O C G N I D I O T M R N Z A B V R S T V
C F N K D J G R K M Z F N D X D C L Q Q
H L V P M T R L N U L L C H E C K E R U
X X D K E V A E E F S X T B X B I Y Q D
```

BABYFACE – BASTARD – BLÖDMANN – HAMPELMANN –
HEUCHLER – HUNDESOHN – IDIOT – KAMERADENSCHWEIN
– KLAMMERAFFE – NULLCHECKER – OBERARSCHLOCH –
PFEIFE – SCHNECKE – SCHNORRER – WINDHUND

DEUTSCHE SCHIMPFWÖRTER

STUFE 3

SUCHSEL 16

```
D H M K O B E I ß Z A N G E F A M K B G
S G D K N A Z H K N B O J P V B O A A I
V Y B H I Y I O U T N D O O N O P M I X
C U W G X L D O R F M A T R A T Z E T F
F U Y Q H S P Y C H G C T A I L E L A G
U Q D P N M O A N A L A K R O B A T Y R
Q Q E R B S E N Z Ä H L E R F E T R L I
D A V V W F A S J W Z U Z Q V Q G E T U
B R I L L E N S C H L A N G E S F I L G
D Ä M L A C K W K E U I M D X R U B A T
L J Q W E A E Q K O T Z B R O C K E N I
D F Z A L W F A C O M T V R L L T R Z I
Y E Z H H H E F K T I A N V H L M E U S
Y Y J L E H U R E N S O H N K M R T G L
C O L R S V H Y U N D Y G J B L Z T A I
N P B R O M A E I Q F L J B J M O U F S
F B N T J N G K E Z D U S Y N X M U F U
O V S T Ü M P E R X F R R I T A B A E M
F H A M P E L M A N N S L Z P V I L G R
I K J C I E C H N A F P C S P T E Y S R
```

AFFENFURZ – ANALAKROBAT – ANZUGAFFE – BEIßZANGE –
BRILLENSCHLANGE – DÄMLACK – DOLM – DORFMATRATZE –
ERBSENZÄHLER – HAMPELMANN – HURENSOHN –
KAMELTREIBER – KOTZBROCKEN – STÜMPER – ZOMBIE

DEUTSCHE SCHIMPFWÖRTER
STUFE 2
SUCHSEL 17

```
Q  E  S  T  R  H  K  D  T  D  X  W  I  F  N  E  T  X  V  B
W  R  C  U  J  A  M  M  E  R  S  A  C  K  K  K  I  K  D  Q
O  O  H  S  N  N  X  D  T  J  C  S  N  V  M  E  J  S  X  K
B  N  O  S  E  G  O  I  S  T  O  R  F  K  O  P  F  B  S  Z
Y  L  ß  I  P  I  A  N  W  Z  F  T  R  N  B  N  T  Y  R  W
Y  X  H  S  K  B  R  J  T  Q  U  A  R  K  T  A  S  C  H  E
H  G  U  T  B  E  W  E  T  E  M  U  A  E  F  A  V  P  A  I
K  G  N  U  T  C  R  L  F  O  X  H  E  I  J  F  G  X  C
R  I  D  B  O  R  F  X  D  W  F  E  X  R  U  P  L  T  N  H
A  K  O  E  V  I  Z  L  W  D  T  W  Z  U  B  K  S  Z  K  B
T  J  E  N  U  E  X  P  A  R  T  Y  B  R  E  M  S  E  D  I
Z  S  U  F  J  B  O  F  N  J  A  Y  F  G  N  S  G  N  B  R
B  D  D  L  T  S  S  Y  D  B  C  Y  S  Z  D  P  L  W  W  N
Ü  P  V  I  M  U  T  T  E  R  S  O  H  N  C  H  E  N  M  E
R  C  S  E  X  N  B  U  R  Q  L  H  U  K  D  O  G  D  Y  S
S  J  K  G  D  F  A  Q  P  X  U  H  H  U  O  E  D  E  S  E
T  Y  F  E  H  A  Z  T  O  C  M  M  G  N  I  B  I  U  F  Q
E  N  A  E  G  L  K  L  K  Q  J  O  B  R  C  L  C  K  V  D
F  O  N  Y  Q  L  A  H  A  C  K  F  R  E  S  S  E  X  E  P
A  A  S  G  E  I  E  R  L  A  M  E  T  E  J  R  K  C  X  P
```

AASGEIER – BETRIEBSUNFALL – EGOIST – HACKFRESSE – JAMMERSACK – KRATZBÜRSTE – MUTTERSÖHNCHEN – PARTYBREMSE – QUARKTASCHE – SCHOßHUND – STUBENFLIEGE – TORFKOPF – TUSSI – WANDERPOKAL – WEICHBIRNE

DEUTSCHE SCHIMPFWÖRTER
STUFE 3
SUCHSEL 18

```
O S A A W U S H R O A S T O R U R J B Z
U U P R C S H W J L P A T J F G D T L Y
U D P I S S N E L K E R K Z R U L Y W S
V N E K N C W S V I Q S A B R S U G X T
L S U V Q N H L O V S C H N E P F E J H
H X R G S E E N G I J H K O D Z H X V H
E I H R Z L B R E E G G K D L I G K B X
Q N D C N G I Y L H X E Y A A Z C Q W G
V U O K T I Q G S T N S S D B U K S X I
L U M P W C X S C X I I G H F L J O D W
W P A C A J O N H H T C Z K I H L E P H
K I E G T U D A E E W H N X R L A O L F
I Z G F M R D E U N U T D U J P P F A H
O A H Q M Q X P C S N L I N W I M A J M
T P I G U D S B H V T E B F L O D R S W
N C R A A M A T E U R R Z O P F U I W J
N A S E W E I S Y S J W E I J L B Z O Q
P S C I H K B Z P T T L Y B I E L U O T
O J H E D I O T I V N I J Y E X B Q A F
N F K S E T I S O B T O E M O R S O Y L
```

AMATEUR – ARSCH – ARSCHGESICHT – BESTIE – HEULBOJE – HIRSCH – HOLZKOPF – IDIOT – LUMP – NASEWEIS – PISSNELKE – SCHNEPFE – SPINNER – STREBER – VOGELSCHEUCHE

DEUTSCHE SCHIMPFWÖRTER

STUFE 2

SUCHSEL 19

```
R  H  W  D  U  H  T  B  H  G  O  V  G  T  T  H  P  U  E  E
P  E  P  I  M  A  N  D  T  J  X  L  Q  Z  E  Y  W  B  X  R
R  F  B  E  T  M  H  S  N  O  A  A  G  G  J  E  C  P  Q  Q
I  I  I  P  I  M  S  C  J  G  O  A  K  L  A  S  F  E  H  F
M  K  T  C  D  E  T  O  B  Y  C  K  A  X  M  V  K  K  O  P
I  A  C  J  U  L  D  Z  I  U  P  X  N  E  D  C  O  C  C  N
T  I  H  Z  U  T  R  H  A  S  W  S  G  U  X  O  R  M  H  R
I  J  N  H  E  H  U  X  B  C  Y  M  S  G  R  U  O  D  S  N
V  Y  O  F  L  I  T  T  C  H  E  N  T  C  F  R  T  R  T  S
L  J  P  K  S  E  G  R  E  M  C  B  H  W  K  Y  Z  A  A  F
I  U  J  W  B  I  U  U  W  I  Y  L  A  M  S  J  B  C  P  B
N  A  S  E  N  B  O  H  R  E  R  Z  S  B  S  X  E  H  L  U
G  A  S  K  A  B  E  L  T  R  Ä  G  E  R  U  E  N  E  E  X
I  F  Z  L  Q  E  R  Z  Y  F  R  K  Y  U  E  K  G  G  R  E
N  O  C  H  C  K  U  R  N  I  G  R  L  Ü  M  M  E  L  M  Z
B  P  N  X  O  O  B  T  Q  N  N  M  N  M  C  O  L  K  I  A
V  D  U  M  P  F  B  A  C  K  E  C  C  F  B  D  W  V  Z  I
R  C  T  L  A  F  G  F  E  O  D  H  N  F  Z  B  W  K  I  A
X  U  T  Y  A  E  O  L  O  B  H  U  U  W  C  D  N  U  V  P
M  N  E  E  F  R  F  U  U  Z  Z  S  T  A  P  X  X  I  H  U
```

ANGSTHASE – BITCH – DRACHE – DUMPFBACKE –
FLITTCHEN – HAMMEL – HOCHSTAPLER – KABELTRÄGER –
KOFFER – LÜMMEL – NASENBOHRER – NUTTE –
PRIMITIVLING – ROTZBENGEL – SCHMIERFINK

SCHIMPFWÖRTER 3-LÄNDER-MIX
STUFE 3
SUCHSEL 20

```
B L T I X W S L B N O T M P Y D N H L J
D L S B T D F C W A U E L C O L P F W K
X K T H M L J N H S L D Q P K K W L X E
T H J F B K T K V E A B E B F Y E G H C
I I I L L N H U X N R U N L V B B C F Q
U H G T H A T S Q B G Z C W A P P L A S
D A A A D L D B J O U N K H N U N P F T
H A U Q S L N M L H F S D E O S G D L Q
W I I D Y K N X H R T B C U K G D B V U
C W N L B O E Q W E J K Z K O S R Y V C
U F K F A P I Z S R F W F Q F T X O U R
T W X A U F S C H N E I D E R V D C X D
C Y P A N Ü F Z H A I Z N L P O C I F T
C N S U Z D V E K I C A W D V I R N N I
S C U H M I E D N M V H Z P T D S F O J
K P X T K P K A A F F G U H A O Z X B D
F N V L T M I M U R U V V D X I T B I I
M V S A I Ä B G T J V R A E L M H S T O
R S H N O K F V W X A D Z T H E T A C S
Y Z V R D B M C Y O G V M S Z D R U H H
```

AFFENFURZ – AUFSCHNEIDER – BITCH – HUDLER – KNALLKOPF – NASENBOHRER – NUDELAUG – NUTTÄ – PFÜDI – PUMPI – SAUCHOG – SCHERZKEKS – TOTSCH – VOIDOIM – WAPPLA

DEUTSCHE SCHIMPFWÖRTER
STUFE 3
SUCHSEL 21

```
D G S B P B B L I N D S C H L E I C H E
X X Q Z A L U R K K H R D H O B A O D X
N Q M T G G N I X S S X O L Z S Q M F K
V B T M B X A E J C B T O F E T W S U U
L P A I H Z V G H H Q I W M D B T T I C
Q I Z B H V L Q E L R V S R F T V F Q A
Q C S I A O N Q U A T S C H K O P F U R
Z K T S A N D E L M P C H S V T A E H S
V E P J O E S P S P N H R I E X U T S C
W L X T O N C J U E B E E Q N R S T X H
T G G J D U H Y S S C I C T C Q E S P L
T E V M K L M J E Z S N K F K S N A T O
O S U P N L U W Z O J H S B I A C C X C
B I D F B C T G M C D E C C T T L K T H
W C Y Q Q H Z B Z O N I H U K E O P B W
F H T K R E F O W A R L R C P C W N T Q
F T R D T C I P W G X I A X L A N D E I
N T S H U K N T X X Q G U C W W Q M A Q
L E R X T E K W M T I E B L Ö D I A N I
J A D I C R W H P C X R E L T A F G C Z
```

ARSCHLOCH – BAGAGE – BLINDSCHLEICHE – BLÖDIAN – FETTSACK –
HEULSUSE – LANDEI – NULLCHECKER – PAUSENCLOWN –
PICKELGESICHT – QUATSCHKOPF – SCHEINHEILIGER – SCHLAMPE –
SCHMUTZFINK – SCHRECKSCHRAUBE

DEUTSCHE SCHIMPFWÖRTER
STUFE 2
SUCHSEL 22

```
Y  I  D  D  G  V  N  I  U  G  O  G  S  U  V  H  B  S  J  K
Y  A  U  Z  N  A  G  O  K  T  X  P  Y  T  W  O  S  V  L  T
M  B  M  C  I  K  N  Y  T  N  Y  W  H  P  V  J  E  W  C  M
I  S  M  J  E  F  M  I  T  Q  B  M  O  C  K  N  T  O  V  K
S  C  B  S  I  R  E  X  P  P  K  S  H  P  S  L  V  H  X  L
L  H  A  U  S  P  U  T  Z  E  R  M  L  N  A  E  N  E  P  E
A  A  T  V  N  L  I  I  Y  Q  N  M  K  L  C  H  B  G  A  I
C  U  Z  H  N  V  E  C  V  C  Z  B  O  S  K  S  P  U  E  N
K  M  T  B  U  J  M  Q  P  O  R  L  P  D  G  T  L  A  V  G
A  P  T  R  L  H  I  Q  F  X  S  W  F  M  E  E  R  U  D  E
F  E  L  E  L  N  L  H  B  V  Y  L  U  U  S  A  L  S  U  I
F  N  S  M  P  X  C  Z  P  T  S  W  R  S  I  Z  V  V  Y  S
E  R  B  S  E  N  H  I  R  N  L  I  Z  K  C  R  R  A  N  T
W  R  W  E  I  E  G  E  A  L  V  Q  G  M  H  S  F  W  Y  T
H  J  R  R  L  J  E  Q  U  A  S  S  E  L  T  A  N  T  E  V
N  D  T  A  E  A  S  C  H  A  U  M  S  C  H  L  Ä  G  E  R
E  O  A  E  R  S  I  H  Y  A  D  T  I  I  E  O  W  H  I  G
D  M  I  Z  O  H  C  A  O  H  E  U  C  H  L  E  R  K  B  N
W  Z  Z  J  Y  C  H  A  C  R  R  I  H  H  G  I  A  J  G  Q
A  K  U  K  W  L  T  A  J  E  L  I  T  S  T  G  S  Z  V  R
```

ABSCHAUM – AUSPUTZER – BREMSER – DUMMBATZ –
ERBSENHIRN – FURZGESICHT – HEUCHLER – HOHLKOPF –
KLEINGEIST – LACKAFFE – MILCHGESICHT – NULLPEILER
QUASSELTANTE – SACKGESICHT – SCHAUMSCHLÄGER

DEUTSCHE SCHIMPFWÖRTER

STUFE 3

SUCHSEL 23

```
B  F  T  L  A  D  U  M  M  B  E  U  T  E  L  B  I  C  N  L
N  N  P  N  E  V  E  G  Q  L  I  I  V  O  N  U  E  Q  S  O
H  A  S  E  N  F  U  ß  M  P  S  Y  C  H  O  K  Y  I  H  H
K  Y  O  R  K  S  A  T  A  N  S  B  R  A  T  E  N  U  O  I
M  O  H  V  P  W  C  C  L  A  H  M  A  R  S  C  H  A  N  F
M  E  V  E  P  A  F  H  P  F  Z  O  T  U  Z  H  D  N  I  X
K  U  Z  N  G  J  R  P  A  L  N  Y  M  S  F  K  C  G  G  W
C  L  W  S  A  N  R  A  G  U  A  B  U  P  F  E  D  O  K  C
O  Z  U  Ä  H  R  R  N  G  B  V  M  K  W  G  L  P  K  U  Y
T  C  Y  G  E  Q  K  T  V  R  L  I  Z  C  E  M  I  H  C  O
S  N  V  E  S  Q  K  O  M  F  A  Ö  N  O  Q  S  U  C  H  Z
L  I  E  Z  Z  C  D  F  G  H  T  F  D  I  Z  M  A  A  E  W
U  Y  C  W  A  S  H  F  R  G  N  E  E  A  S  I  H  K  N  G
S  C  H  N  O  R  R  E  R  A  O  Q  J  N  R  T  C  C  P  Q
T  Z  N  C  P  C  B  L  I  L  T  I  P  T  R  S  T  K  F  Z
E  N  G  R  E  P  R  H  D  ß  A  Z  A  Q  J  E  C  C  E  K
A  R  F  Q  H  P  I  E  V  B  E  L  E  X  G  L  I  H  R  B
R  B  V  Z  N  T  L  L  M  H  F  R  R  T  H  K  J  T  D  N
N  J  Z  F  I  X  Q  D  P  A  A  Q  S  H  F  N  Q  R  E  S
X  Q  N  J  B  F  F  R  N  I  W  Y  N  W  D  M  C  T  K  R
```

BLÖDARSCH – CHAUVINIST – DUMMBEUTEL – FRATZE – HASENFUß –
HONIGKUCHENPFERD – KLUGSCHEIßER – LAHMARSCH –
NERVENSÄGE – PANTOFFELHELD – PARAGRAFENREITER – PSYCHO –
SATANSBRATEN – SCHNORRER – ZICKE

DEUTSCHE SCHIMPFWÖRTER
STUFE 3
SUCHSEL 24

```
N B P Y X O B A Y T Z O O D F K F R V K
B A F W V S L H L Y B H U D S A K N E X
T T R Q Z C U L M B X A K N O M N W U U
K D K D X I T N U N L U Z M C A A L P M
U T A O F E S A R E V S P T D R L H S G
E E Z L F U A B T A S D T A I A L V D T
Q G I U H S U T B N X R T K L D K T Y I
D R S F B C G H G D V A N W E E O I C P
G P N T F H E V O E Y C S B T N P D I A
N U M I M Ü R P B R D H S N T S F N K U
A T S K O R R I N T H E N K A C K E R W
H F L U R Z N W S A Z I M F N H N I A M
E T B S B E J E V L L S Q T T W D A A L
R G L U Y N X B O E O C H U I E W P C T
M B L T I J A D B R P M I Q Q I P G H C
C X U T U Ä C K V F E I G L I N G K B C
H S S H X G I Y S E S S E L P U P S E R
U S C H N E C K E A E K G D I Q A Y D H
A X H Q R R S C H N Ö S E L M N Y Y F R
F R E C H D A C H S S C Z I R W N E N I
```

BLUTSAUGER – DILETTANT – FEIGLING – FRECHDACHS –
HAUSDRACHE – KAMERADENSCHWEIN – KNALLKOPF –
KORRINTHENKACKER – LUFTIKUS – LUSCHE – NEANDERTALER –
SCHNECKE – SCHNÖSEL – SCHÜRZENJÄGER – SESSELPUPSER

DEUTSCHE SCHIMPFWÖRTER
STUFE 3
SUCHSEL 25

```
D N M R C K L G K E O A F G V S W U R V
I O A E H S U E S A G W B M W R Q U K L
R W O R V L D G D R E C K S A C K Q J X
Z M S F R M E P F E I F E Y T X F J B O
C Y A D B F R Y X X Z S O G Z E X I C D
K P E U E A A F K F K X A I J Z L J D F
O P P M L G C C Z A R A H U I I E H X S
L H L M R H H K G D A S X R T J P K R V
A I H K M R E F E D G V P B L A V H L H
D Q S O H F O L D R E I K Ä S E H O C H
Y T X P W E U U D Z N Z J N B J H W Y U
B E F F Q R Q D R Ü C K E B E R G E R N
G K M C E O U U L C N C X H X I R I S D
F A Y E F M D K L A M M E R A F F E F E
Z D J I V L F J R R Y P M P L R F W Z S
A Q I Y U U A B K O B O L D G H G M Y O
F Q S U N C M S U D V U K A N Q J J B H
H K C K J E J P C D J V Q S K Q T C T N
Q V U W N R D P C H T A H S P E B J H E
N Y U L N P Q F L I E G E N F Ä N G E R
```

DOOFBACKE – DRECKSACK – DREIKÄSEHOCH – DRÜCKEBERGER
– DUMMKOPF – FLASCHE – FLIEGENFÄNGER – GEIZKRAGEN –
HUNDESOHN – KLAMMERAFFE – KOBOLD – LUDER – MAULHELD
– NARR – PFEIFE

DEUTSCHE SCHIMPFWÖRTER
STUFE 4
SUCHSEL 26

```
C  P  I  W  S  D  Q  O  U  O  Y  F  Y  T  N  X  J  X  M  D
Q  R  C  D  L  H  V  N  E  U  I  M  E  T  T  E  L  K  R  B
U  E  D  G  B  Y  Q  U  Y  K  G  C  K  I  W  D  E  H  X  S
Z  K  F  T  Y  M  S  K  R  K  T  F  Y  G  G  R  N  B  Q  O
S  L  Z  B  H  T  G  D  X  T  R  F  C  A  H  L  H  W  X  E
R  K  A  R  M  L  E  U  C  H  T  E  R  E  Q  C  I  S  H  F
N  D  T  K  S  K  I  Q  L  C  S  N  B  R  Z  P  K  N  I  P
I  V  I  O  C  C  P  E  K  I  H  V  N  E  U  M  S  Z  G  E
S  S  X  K  H  D  H  C  C  S  T  H  G  D  R  T  E  E  S  N
H  T  C  E  A  M  T  Ü  P  E  G  P  D  U  D  T  S  Y  R  H
U  I  P  H  U  N  E  D  R  G  N  Q  Y  L  R  P  S  S  T  C
H  J  R  I  M  P  V  I  K  Z  H  L  B  R  A  R  E  Y  O  S
H  F  I  S  S  I  Z  Z  O  R  E  B  V  X  O  R  L  M  R  K
L  Z  N  Z  C  S  E  Y  X  U  X  N  H  U  T  U  P  M  F  G
N  D  A  I  H  H  N  R  J  F  H  S  J  E  Y  L  U  G  K  O
A  C  X  N  L  A  L  E  F  L  A  W  A  Ä  Y  J  P  L  O  O
R  C  Z  D  Ä  B  D  W  L  I  R  R  V  X  G  W  S  U  P  E
R  E  J  D  G  J  A  G  S  K  N  M  Z  S  R  E  E  J  F  P
V  M  L  I  E  X  B  A  O  D  E  K  Z  S  O  S  R  U  D  M
D  U  W  X  R  V  Z  M  T  L  Q  N  Y  J  O  F  Q  D  R  Z
```

ARMLEUCHTER – FEIGLING – FURZGESICHT – HIRSCH –
KLETTE – LUDER – NARR – PISSNELKE – SCHAUMSCHLÄGER
– SCHMIERFINK – SCHNEPFE – SCHÜRZENJÄGER –
SESSELPUPSER – STREBER – TORFKOPF

DEUTSCHE SCHIMPFWÖRTER
STUFE 3
SUCHSEL 27

```
N N V Y J A X D C K A S Z Z M Z T R L V
A I Q F U F P F E R D E A R S C H A G M
P T G Z E V E O K L E T T E Z P X N M B
P Q U A D R A T S C H Ä D E L U W U Ü A
A N Q E Q S E P F M F U V A A P V L C W
P D N V X L O S Q Q Q B T W F S D L K O
P S C H E R Z K E K S X T M E G X N E L
N P C I A E R S C O S R T Q G E X U N S
A Z Q H N R R C L R A Z O N W S C M H Q
S T D T L Z F G F U A Z I R U I D M I L
E Z F E Ü A H I K U R P F U S C H E R U
U X S D G W F F S Q R J G J I H F R N H
B J A W E M M T Z C A C F M F T W S S O
Q R R T N Y T M A K H E P U F U M L H B
R M H M B T X I X B I K H A J U R N S E
J O H R A Q E S C P L N O K Q E R I U W
D K O G R P O C R Z Z E J P B F F Y E J
D E I E O X S H L A B Z T E F Q V S T R
L Z G A N D R E C K S A U T W E T E Z X
V W I Y S W D R N W N L T Z E I Q X P B
```

DRECKSAU – FISCHKOPF – FURIE – GIFTMISCHER – KLETTE
– KURPFUSCHER – LÜGENBARON – MÜCKENHIRN –
NULLNUMMER – PAPPNASE – PFERDEARSCH – PUPSGESICHT
– QUADRATSCHÄDEL – SCHERZKEKS – SCHLAFTABLETTE

DEUTSCHE SCHIMPFWÖRTER

STUFE 4

SUCHSEL 28

```
L Z U G G B Q N R J Z I R R Y N T W A Y
Q W X A C E N A T G D E I Q V T R T D V
I V Q H T D O R R X Q R O R I N Z L A U
E I Z U S S J A P Q M S P I D Y H P H X
T H U R D C I I P I O K A X L N M S O G
P Q E E O R H E J O B L U E H T I C N T
N Q S N R R E L G I U W K W M A L H Z Y
D R A S F H Q N A N Y J E D N C C W H N
R L K O M E O D N F I W R R R J H A F H
H Z M H A O C R A I T E Q O U Y G C Q R
N X J N T F N H I G P A L J S Y E H G W
A H U K R L S S D Z P S B K V S S M R U
D R I R A E Y T Ö E M C L L L H I A R O
A I B Q T G U Z L J J J B A E A C T H I
W B N D Z O J K B U O B R C U T H I U F
Y R H W E I C H B I R N E K N O T K N U
V Y G H T S I E G L Ä U Q A S M T E M P
P E N A P T R K F G A F P F H E U R E D
A M R E H C S I M T F I G F Z Q A Z R L
E U K V F L L F K J H E J E S B Q S F E
```

BLÖDIAN – DORFMATRATZE – EGOIST – GIFTMISCHER –
HEULBOJE – HURENSOHN – KLEINGEIST – LACKAFFE –
MILCHGESICHT – PAUKER – QUÄLGEIST – SCHLAFTABLETTE
– SCHWACHMATIKER – SPINNER – WEICHBIRNE

ÖSTERREICHISCHE SCHIMPFWÖRTER

STUFE 3

SUCHSEL 29

```
R  R  A  D  I  R  U  R  Q  R  S  H  N  E  X  T  D  Y  V  B
G  H  H  E  G  R  Q  L  V  Q  O  O  M  E  A  X  T  X  B  Y
A  B  V  D  N  N  E  C  D  D  N  E  N  E  C  X  B  X  E  D
D  W  B  P  P  C  B  B  U  E  E  V  A  Y  A  F  P  E  C  K
W  S  T  E  S  T  E  A  L  R  P  S  N  P  I  C  H  L  Y  L
A  T  R  L  L  X  L  H  L  I  A  V  C  D  G  Z  F  L  F  X
P  U  E  O  E  G  F  R  A  S  T  Q  G  H  I  Y  S  H  H  B
N  R  C  W  T  T  T  Y  I  G  Z  Z  U  Z  E  L  S  D  S  R
B  S  U  S  E  Z  V  U  Y  D  H  S  G  U  W  K  L  L  C  U
U  C  B  K  R  X  P  R  A  U  T  G  A  N  B  H  D  O  H  N
P  H  A  N  E  B  U  I  L  F  P  G  F  P  E  G  R  B  N  Z
Q  Ä  Z  A  A  P  K  P  P  K  C  P  O  F  T  I  U  P  E  K
N  D  I  U  S  Q  Z  F  I  P  U  C  P  V  T  U  ß  A  E  O
J  E  P  S  M  Z  T  U  Q  Y  N  M  P  B  B  E  V  E  B  P
M  L  F  E  T  Z  N  S  C  H  Ä  D  E  L  R  P  D  N  R  F
A  C  U  R  Z  A  C  C  O  O  M  O  R  L  U  C  Z  Q  U  H
W  M  A  E  G  K  U  H  L  E  K  J  K  J  N  T  X  Q  N  U
T  G  Y  R  P  Y  Z  E  L  Y  J  R  O  P  Z  H  Q  V  Z  X
G  H  A  S  C  H  E  R  L  A  Q  T  P  C  A  X  O  N  A  H
E  S  K  J  P  D  H  L  M  N  Y  I  F  I  L  F  P  U  V  Y
```

BAZI – BETTBRUNZA – BLITZGNEIßER – BRUNZKOPF –
DESCHEK – DILLO – FETZNSCHÄDEL – FOPPERKOPF –
GFRAST – HASCHERL – KNAUSERER – PFUSCHER –
ROTZPIPPN – SCHNEEBRUNZA – STURSCHÄDEL

DEUTSCHE SCHIMPFWÖRTER

STUFE 3

SUCHSEL 30

```
F  P  Y  E  P  E  Y  Y  A  G  F  Q  M  G  H  O  Y  B  V  N
Q  S  I  E  K  R  I  E  A  X  Q  U  Ä  L  G  E  I  S  T  S
Z  O  Q  L  T  B  P  M  O  K  G  A  N  S  F  U  P  K  D  Q
I  L  L  B  Y  S  Z  H  R  Q  X  C  D  T  Y  H  T  U  U  Q
M  W  I  V  H  E  C  W  T  H  M  K  G  R  R  C  Y  Z  B  R
P  V  L  B  E  N  Y  C  U  K  W  S  H  S  J  U  D  R  X  H
E  Y  J  T  U  Z  E  B  S  T  K  A  J  Y  V  G  Y  U  N  Q
R  I  O  Y  C  Ä  T  U  S  I  U  L  H  A  Z  U  L  E  H  U
L  I  N  S  H  H  G  P  I  K  U  B  W  I  K  Q  G  W  K  V
I  E  C  V  L  L  B  E  T  R  I  E  B  S  U  N  F  A  L  L
E  O  T  G  E  E  K  A  Z  G  C  R  X  N  P  C  W  S  U  E
S  N  S  W  R  R  D  Q  P  V  I  F  S  E  A  H  R  O  G  C
E  E  L  B  L  G  N  X  I  M  I  U  U  P  U  A  T  V  S  C
E  A  E  A  E  I  R  G  N  F  P  W  U  R  K  U  P  C  C  I
R  Q  Q  G  H  R  K  T  K  H  H  L  J  O  E  V  B  I  H  H
R  Q  I  A  U  S  C  H  L  I  T  Z  O  H  R  I  H  H  E  U
I  D  V  G  N  M  E  S  E  I  Q  U  N  Y  C  N  G  U  I  Z
A  D  Q  E  S  R  M  X  R  G  W  I  L  A  X  I  T  U  ß  J
S  C  H  L  A  P  P  S  C  H  W  A  N  Z  R  S  J  W  E  P
A  V  D  M  D  U  M  M  B  E  U  T  E  L  C  T  X  N  R  V
```

BAGAGE – BETRIEBSUNFALL – CHAUVINIST – DUMMBEUTEL
– ERBSENZÄHLER – HEUCHLER – KLUGSCHEIßER – PAUKER
– QUACKSALBER – QUÄLGEIST – SCHLAPPSCHWANZ –
SCHLITZOHR – SITZPINKLER – TUSSI – ZIMPERLIESE

DEUTSCHE SCHIMPFWÖRTER
STUFE 4
SUCHSEL 31

```
T  T  D  V  X  N  N  A  M  L  E  P  M  A  H  B  G  X  V  Q
E  G  N  A  L  H  C  S  N  E  L  L  I  R  B  T  T  V  X  U
V  G  H  H  V  N  R  I  H  N  E  S  B  R  E  F  S  S  Z  H
R  O  R  E  U  R  M  V  X  A  U  H  O  P  K  K  D  N  P  O
Z  E  Q  G  D  D  E  M  M  Y  H  C  S  R  A  D  Ö  L  B  C
R  T  T  Q  Q  Z  H  B  R  C  A  D  J  T  W  W  J  Q  A  H
U  X  R  I  O  I  P  E  I  T  S  E  B  Q  S  R  I  Q  V  S
X  M  N  Y  E  P  W  E  V  E  G  L  H  E  J  A  Z  H  G  T
O  J  T  E  S  R  E  B  P  T  R  T  C  D  H  W  L  T  M  A
D  W  C  R  A  E  N  Z  T  F  Z  T  O  C  F  C  T  E  D  P
C  R  D  F  I  N  G  E  N  B  R  T  L  P  A  A  S  N  U  L
P  H  A  B  N  O  D  Ä  F  G  C  E  H  E  E  R  R  U  K  E
K  L  J  C  I  H  Z  E  S  A  X  Z  C  O  M  P  D  T  L  R
H  A  Y  S  H  F  B  H  R  N  R  U  S  H  V  A  H  R  S  O
L  S  I  I  G  E  D  V  I  T  E  G  R  P  D  V  K  Z  H  Z
G  M  T  V  S  T  P  F  E  X  A  V  A  J  H  A  U  V  G  R
P  O  L  B  P  Z  M  H  Y  G  E  L  R  R  J  P  C  S  L  E
H  U  M  L  T  L  K  A  B  N  X  A  E  E  A  D  O  H  O  B
D  E  X  L  W  N  S  K  W  D  C  Y  B  R  N  P  H  U  S  D
E  T  S  R  Ü  B  Z  T  A  R  K  W  O  I  R  H  Q  S  L  I
```

BESTIE – BLÖDARSCH – BRILLENSCHLANGE – DRACHE –
ERBSENHIRN – FRECHDACHS – HAMPELMANN – HOCHSTAPLER
– KAMELTREIBER – KRATZBÜRSTE – LUSCHE – NEANDERTALER –
NERVENSÄGE – OBERARSCHLOCH – PARAGRAFENREITER

DEUTSCHE SCHIMPFWÖRTER

STUFE 3

SUCHSEL 32

```
S  Z  B  X  X  D  R  A  I  R  B  A  D  E  H  J  W  A  W  I
H  F  Y  M  K  X  V  N  F  B  L  S  B  U  T  E  D  R  S  L
T  B  L  L  J  B  L  O  Y  F  M  D  H  W  F  E  R  F  D  A
O  S  L  Ü  X  Y  S  S  G  M  B  U  X  I  S  N  E  M  D  E
M  C  E  U  M  A  S  L  L  E  W  Z  P  X  M  M  I  I  I  I
W  H  Z  A  T  M  H  S  H  E  L  L  I  E  W  Y  K  E  B  I
C  O  T  Q  H  S  E  Q  U  R  A  S  Z  U  G  V  Ä  G  P  G
M  ß  X  T  Q  Y  A  L  U  I  H  T  C  W  P  X  S  K  P  R
U  H  V  U  H  T  T  U  B  O  E  I  U  H  A  U  E  K  F  U
K  U  W  B  F  O  Q  G  G  N  T  N  M  V  E  V  H  I  E  A
H  N  F  I  A  D  L  I  G  E  A  K  H  Z  B  U  O  R  I  S
Q  D  D  M  L  O  H  Z  Y  A  R  S  Y  Y  O  X  C  R  F  P
U  D  U  X  V  D  K  K  K  G  K  T  E  T  M  M  H  H  E  E
U  J  U  E  P  U  S  N  O  O  O  I  S  W  K  R  B  F  E  I
B  M  C  D  R  N  J  C  F  F  P  E  A  T  E  A  J  I  M  L
Z  F  R  A  T  Z  E  I  H  J  F  F  N  W  E  I  Y  F  E  L
S  T  W  R  I  H  I  W  W  W  N  E  R  G  A  U  S  E  G  B
H  H  Y  S  C  H  L  A  M  P  E  L  R  D  P  P  H  C  K  I
P  H  M  N  S  P  Y  Z  H  D  K  I  R  N  T  S  I  N  C  M
Q  U  A  R  K  T  A  S  C  H  E  E  N  T  J  R  M  A  W  I
```

BLUTSAUGER – DREIKÄSEHOCH – FRATZE – HOLZKOPF –
KOFFER – LÜMMEL – NASEWEIS – PFEIFE – QUARKTASCHE –
SCHLAMPE – SCHOßHUND – STINKSTIEFEL –
VOGELSCHEUCHE – WILDSCHWEIN – ZOMBIE

DEUTSCHE SCHIMPFWÖRTER

STUFE 4

SUCHSEL 33

```
V W B T Z S O A I R K E R S B D Q B B J
A X U H O K G J V T H X K L W V C Q A F
C M N I K I R I W A T H Q C H G E U P F
I O H S U V D U H R W M U C A H B Y M U
N V S S P S N I C G Z U A U C S V I R R
N R U D O A N S S C R W S W Y K T K L I
D K C A S K C E R D B I S Z M P F T I E
C Z S E X B E Q A S U L E M M A H H E K
S E S M E R B Y T R A P L Q E Z O O K F
D S S A C K G E S I C H T N Q W D H G Z
U Z N K T V T B L Ö D M A N N I B L E X
X U R E K C A K N E H T N I R R O K D V
S Z M E X W O N V B M J T N B I R O R N
G S C E K R H Z J R O G E O S W X P V K
B T R A V I N E G Q C P I D N M H F T E
K H V Z N G T E M B U I Z D A V V S O A
R E Z T U P S U A E H C A R D S U A H O
M W W Q U A C K S A L B E R D U U I O I
C E D L F T S X U K T Y E A H N T O G P
B A C F H Y H O Y B B U V W U M D E D F
```

ARSCH – AUSPUTZER – BLÖDMANN – DRECKSACK – FETTSACK – FURIE – HAMMEL – HAUSDRACHE – HOHLKOPF – IDIOT – KORRINTHENKACKER – PARTYBREMSE – QUACKSALBER – QUASSELTANTE – SACKGESICHT

DEUTSCHE SCHIMPFWÖRTER
STUFE 4
SUCHSEL 34

```
F E T F H S D K R Y X S M R T X H M G M
Y C D V F W B A I L O V A C N N E S O E
D A D Q D X H B F G Q H R F F S H Y J I
E L I J J H X T N F J H C T I B A O P E
B E M U N D Y H E D Q L V Y S O G J U C
F K L Q X K L I K L V T P O R I R E D X
R C L U X O M E F M A U H Q N I N G C C
U A R A M B R E M S E R O D Y A E N G R
I B E D M P U F C I R F N L L W B A U Q
N F K R Z M K Z X N S I I T J U E Z I U
O P C A X W E C N G U T E I O F O ß B A
J M E T I A A R A W Q C S M W A D I L T
L U H S X D J S A S K L P T M G L E P S
D D C C B K U X I F R J Z A Ü B V B X C
Q I L H V I V D V E F E O O X C S F T H
N G L Ä G W D I S R D E M L L H K Q E K
U Z U D T T H G X V H N T M P L T A R O
T K N E T A R B S N A T A S A E X D O P
T C R L L H T U S L N I K L N J I A T F
E N E H C N H Ö S R E T T U M D D X R H
```

BEIßZANGE – BITCH – BREMSER – DUMPFBACKE –
JAMMERSACK – KLAMMERAFFE – LANDEI – LUMP –
MISTSTÜCK – MUTTERSÖHNCHEN – NULLCHECKER – NUTTE
– QUADRATSCHÄDEL – QUATSCHKOPF – SATANSBRATEN

DEUTSCHE SCHIMPFWÖRTER
STUFE 4
SUCHSEL 35

```
K A N H A D Q Z I O H B F J S H V Y L L
N U A O O K I M Ü C K E N H I R N T H H
A N V D K N H L R S P G B U E V H B Z E
L T C Q I Z I Q E S X Q L U D S Q V N A
L O K Q N P P G J T M J H A S E N F U ß
K G U E S K U R K U T H T Y I W V I J W
O Q H R X F H P O U R A C U L S N D P D
P S S E T L B G S L C V N S W J H F G Z
F Q A H P A S A R G E H H T S N K U B N
H N I C D S M R E O E T E K A P L E K E
H P D S A C Y C G A Y S D N H T D R V H
Y P N U T H D E Ä P N I I P P I M A O C
H N G F J E G L R V G E K C T F E F A T
D R V P R T T O T T S R H A H G E U L T
S K R R D D Z N L N J O N S O T M R A I
Z L W U A P P R E M M U N L L U N M D L
S J K K B L I S B Y H L U E S Y G S U F
S L U Y T H V U A P Z Q X D Q X J H T Z
O P G R U F T I K E L E M X I B J D P Z
M M H O Y M N L Ü G E N B A R O N J W W
```

DILETTANT – EKELPAKET – FLASCHE – FLITTCHEN – GRUFTI
– HASENFUß – HONIGKUCHENPFERD – KABELTRÄGER –
KNALLKOPF – KURPFUSCHER – LÜGENBARON –
MÜCKENHIRN – NULLNUMMER – PROLET – PUPSGESICHT

DEUTSCHE SCHIMPFWÖRTER
STUFE 4
SUCHSEL 36

```
E N R A V A F K Y H M O I T X J S G V G
K U N Q U S X D X E M B S Y D P N A O J
S L K Q M M C I P S Z Y H Z M S T F J R
S L J D C K X H C S R A M H A L Q W H E
Q P P W A N D E R P O K A L I V O W T R
D E P A P P N A S E E T I C T T F D K H
E I L R S S H P R N C C W G N R S D I O
S L E R G H Y P A U T K A L D J R W F B
B E F W B I B C R I S T S W Z N J O W N
A R E G I L I E H N I E H C S F C N R E
S I K W T E D H S O D T D N H P B F M S
T U H X J G E K C E N H C S W R U H W A
A S X Z B N A P E S J I L U N T A E H N
R J X B Z E A Y E P J E Y F N W Y U S Y
D M F D F B F V C P T Y I F T D T J B O
R H S J O Z Q J C U V D B S H J T J F E
I N M X K T P J C E K C A B F O O D F N
V P D X I O T L S H F R S U K I T F U L
Q B P R L R D N K E S E I L R E P M I Z
G U U D V O S F P R U B V O W W V D Q F
```

BASTARD – DOLM – DOOFBACKE – LAHMARSCH – LUFTIKUS – NASENBOHRER – NULLPEILER – PAPPNASE – PSYCHO – ROTZBENGEL – SCHEINHEILIGER – SCHNECKE – SCHRECKSCHRAUBE – WANDERPOKAL – ZIMPERLIESE

DEUTSCHE SCHIMPFWÖRTER
STUFE 4
SUCHSEL 37

```
X U A S K C E R D N W D K T L G Z N V K
Y P V W A L B W T F E H A C V P G Q Q Y
F S E E F A O B C O W G F U A L S E L E
K F H A U I M B M M R U A V Y L I N U S
H U C W E D S D M T I P U R P Z M C N S
D W I N N E K C O R B Z T O K E F Ä K E
C R E D T H I M H D Z V O I I Z G E D R
S D L F R W T M T K Y S H N V G I E L F
X U H L F Z I X U G O H E C Z A G E F K
J M C I E A Y Z F S C P Z A L S P A G C
B M S E D D K U E I R E F G B H U K D A
B B D G Y Z O A R S C H G E I G E M B H
E A N E M Q U M W L U G O E S U A N A B
L T I N B D R H F S U S U L W G E Z U Z
C Z L F N P D S X U T G L Z T V R T U V
Q E B Ä S B L U E C A V Y U Q T N J X S
C L C N T L O K O P E L Q S E P Q G T I
Y V U G T I B N O F B J S S N H N M E D
D B Q E A Q O H Y H U B X U M N O P Q X
I E D R Ü C K E B E R G E R A U R V N T
```

ARSCHGEIGE – AUSLAUFMODELL – BANAUSE – BLINDSCHLEICHE
– DÄMLACK – DRECKSAU – DRÜCKEBERGER – DUMMBATZ –
FISCHKOPF – FLIEGENFÄNGER – GEIZKRAGEN – HACKFRESSE –
HEULSUSE – KOBOLD – KOTZBROCKEN

DEUTSCHE SCHIMPFWÖRTER
STUFE 4
SUCHSEL 38

```
B D P D P X Y S V Q S U Q Y W I A I E U
Z R U X S C H M U T Z F I N K R B D E H
H H F R L N I W P O S V S Q E W R M J E
E F F A G U Z N A R R W C B X O V T H T
R M U U I X X I M R I H H J E I N G D I
E L X B C B Y E H E V M L U O S P E P S
F P E S V R A W Y R H D I G Y V V X L R
S K C A T K G H N R X A T T J I P B X Y
K T A S C L T C T O F X Z M I Q G F M A
E C F I P A U S E N C L O W N V Y H G R
K F Y H H E K N T H V B H Q Y G L A S S
Z P B N D G D E Q C K X R W N H J I R C
R O A S H B P D E S A F T S A C K H N H
E K B L D O P A N T O F F E L H E L D G
H M R Z F F S R G W P E M U Z E Y A K E
C M T W I P F E R D E A R S C H N Y N S
S U M B M G V M D M P O E Q C M B F M I
K D A M Z Y J A H N C U V E Z D L S S C
K S A N F E M K L T U V A G D O I V V H
S B R I D B S A I S N H Z L A E C P T T
```

ANZUGAFFE – ARSCHGESICHT – BABYFACE – DUMMKOPF –
HUNDESOHN – KAMERADENSCHWEIN – PANTOFFELHELD –
PAUSENCLOWN – PFERDEARSCH – PRIMITIVLING – SAFTSACK –
SCHERZKEKS – SCHLITZOHR – SCHMUTZFINK – SCHNORRER

ÖSTERREICHISCHE SCHIMPFWÖRTER
STUFE 3
SUCHSEL 39

```
H  V  E  F  E  W  X  D  G  O  S  C  H  A  T  A  W  E  A  V
C  S  A  J  Q  K  X  Y  A  X  F  E  J  D  L  I  C  G  J  E
D  O  C  M  K  R  A  U  T  S  T  A  U  D  E  N  G  F  Q  F
J  X  W  H  U  O  F  J  S  C  H  L  A  W  I  N  E  R  Z  S
U  S  S  O  W  K  H  H  W  A  D  X  I  J  V  E  W  A  T  H
E  Q  L  I  V  I  M  A  O  P  C  W  L  C  B  N  H  S  W  S
U  A  N  G  T  Q  N  Y  N  S  D  K  R  Ä  T  Z  N  T  L  V
K  Z  Q  S  B  I  N  D  N  F  E  C  L  S  E  E  L  S  O  E
O  G  P  C  S  C  D  J  L  B  N  N  K  P  E  N  E  A  T  F
T  W  S  X  S  E  N  I  I  B  X  S  H  I  O  R  C  R  L
T  V  I  P  M  H  P  L  L  E  C  L  Q  C  B  C  L  K  U  I
N  D  M  Q  R  U  P  V  X  M  I  H  U  R  H  U  K  L  T  T
Q  K  M  U  B  I  A  D  G  I  V  V  A  N  Q  E  G  A  S  S
L  V  V  A  O  K  T  T  L  Q  Q  Z  F  A  Z  Z  I  J  C  C
B  D  P  X  F  A  A  Z  D  H  M  D  T  C  Q  N  S  ß  H  H
R  I  G  E  A  S  F  H  T  I  X  Z  V  S  Z  H  D  I  E  E
T  B  Q  Z  Z  P  M  S  C  E  F  L  H  J  E  B  F  F  R  R
C  O  F  K  E  E  D  A  S  U  R  M  P  R  J  N  H  Y  L  L
S  U  S  T  N  R  X  O  V  C  V  V  J  G  K  G  Y  N  H  X
T  X  E  T  G  L  U  S  G  P  U  J  H  K  N  A  G  T  H  A
```

BLUNZN – DEPPATA – FLITSCHERL – GFRASTSACKL –
GOSCHATA – GSPRITZTER – HOSENSCHEIẞER – KASPERL –
KRÄTZN – KRAUTSTAUDEN – SACKLPICKA – SCHLAWINER –
SCHWINDLICHA – SURM – TRUTSCHERL

DEUTSCHE SCHIMPFWÖRTER
STUFE 4
SUCHSEL 40

```
S D H G R U L F Q S H G W I N D H U N D
K H I K N K M L F H Z M M X P I H C R Q
S I Y U W L G Z S L O C Y B K I I Q D L
A H T A B D P S M A U L H E L D P H E D
S B E S N E F O I A R Z Y G Q T A C J I
O Y I R S A N G S T H A S E K A F I N S
H A B N E P M F X E Z I C I Z B K A V C
N D I B W B I A T Y J P M L R O S S X H
Q Z A X F P E C T D I T I F E R I D O L
I O D T W R T G K E I J D N L K Z P W A
V K S S I E X L N E U O B E K A T S R P
I G Z N J ß S I J A L R P B V L B R C P
S G G H E E A E Z B W G V U E A E I Q S
K C J K E I O G I E T S E T E N S R Q C
Y X H Q K P G H C O L H C S R A E A E H
N Q U N S S S G K N X X D V I X U A E W
C P V J Ö F V R E V N W S W N C T Z Z A
K W K Y H S H F A K L R R K X H H J V N
T S U P W C E A R W S E R E P M Ü T S Z
E R I H I S M L T L U Z J A I U D Q D D
```

AMATEUR – ANALAKROBAT – ANGEBER – ANGSTHASE –
ARSCHLOCH – MAULHELD – PICKELGESICHT –
SCHLAPPSCHWANZ – SCHNÖSEL – SITZPINKLER – SPIEẞER –
STUBENFLIEGE – STÜMPER – WINDHUND – ZICKE

DEUTSCHE SCHIMPFWÖRTER

STUFE 2

LÖSUNG–SUCHSEL 1

```
W P S K E C R E U K W Y S U N P L W A V
C Y R C I S E L A I Z R A L U G B K Z G
D R E T U D S M M U T B H E L L C O O Q
A H Z I M P E R L I E S E E L Q L R G L
O A T D F I S C H K O P F A P S G R T T
Y R T O S W S O U S Y I R Y E P K I U K
E I R R C N E Y S Y O T D W I H S N K D
C D Y F H X L Y A Z O R L Z L R P T J B
E F S M L G P A S S A M A T E U R H P A
N K S A I Z U S A T A N S B R A T E N R
B D A T T F P E B Ü K M S M C U T N A N
S O L R Z N S J N M L E Y Q H U C K C O
L N U A O R E C J P S Y C H O L N A T Z
L W S T H A R M L E U C H T E R S C L D
P T C Z R K A X L R P S I I Q H B K U Q
C Q H E U L B O J E E L C S S F Y E V W
V F E U M T T S Z B C R B G S B J R V F
B X Q E I F B E I ß Z A N G E A M H M W
A K N U P C B C J T B V I F Y O Z N H T
E C I U D Z V T F H W G Y L Y G D D W Z
```

AMATEUR – ARMLEUCHTER – BEIßZANGE – DORFMATRATZE – FISCHKOPF – HEULBOJE – KORRINTHENKACKER – LUSCHE – NULLPEILER – PSYCHO – SATANSBRATEN – SCHLITZOHR – SESSELPUPSER – STÜMPER – ZIMPERLIESE

DEUTSCHE SCHIMPFWÖRTER
STUFE 1
LÖSUNG–SUCHSEL 2

W	I	E	N	K	X	A	F	F	E	N	F	U	R	Z
C	I	Z	H	P	U	B	L	Ö	D	M	A	N	N	Z
T	O	R	F	K	O	P	F	R	H	C	R	H	S	U
F	R	F	H	T	P	G	F	W	U	Z	D	H	H	D
T	E	E	M	P	P	E	U	A	R	Z	G	X	L	R
E	X	I	A	I	Y	G	R	N	E	Z	I	S	U	Ü
E	U	G	U	M	J	S	Z	D	N	I	R	C	F	C
H	E	L	S	A	C	K	G	E	S	I	C	H	T	K
E	K	I	P	A	U	K	E	R	O	X	G	L	I	E
N	E	N	U	F	C	W	S	P	H	X	F	A	K	B
F	U	G	T	F	W	N	I	O	N	R	C	M	U	E
K	O	T	Z	B	R	O	C	K	E	N	Z	P	S	R
J	M	E	E	L	Y	B	H	A	R	N	D	E	H	G
N	B	U	R	V	J	Z	T	L	P	U	C	N	V	E
N	E	A	N	D	E	R	T	A	L	E	R	N	F	R

AFFENFURZ – AUSPUTZER – BLÖDMANN – DRÜCKEBERGER
– FEIGLING – FURZGESICHT – HURENSOHN – KOTZBROCKEN
– LUFTIKUS – NEANDERTALER – PAUKER – SACKGESICHT –
SCHLAMPE – TORFKOPF – WANDERPOKAL

ÖSTERREICHISCHE SCHIMPFWÖRTER
STUFE 3
LÖSUNG–SUCHSEL 3

```
O Q Z Y U Z U V F A A R X Z H X O T T H
I K E U U Z F I L C C B O F G S X U I C
X Y B N N V K Y T I Y R E U J E O P R D
B Y P J G R I I D B C L T P K R U X E D
K L B L U Z A Z Q D J B P V I H S L S R
H M T I S N C T D O D E L U Z D H J C A
L Y N S T R I Z Z I V V O I D O I M H U
S S O K L A D D L O L S V P T N M C A S
R K E I F N M K C U L M S M X Z L R N C
B S R R G P H C M R Y V M M O U B B I H
S I J E T P E K W W W J G F D E U I R K
U P J D L F U S H S H J A A A D T J R I
F A B S A Y N F V I P I O Q P T O K L N
F G S W T G N U T H V O R F E H G Y S D
C Y Z C E J C N D U R Y I N Q L O R K W
H U Q H X E G Z A E G R E D I W S K U S
S U S B N S X N B H L P I C I G B B E S
S F G S C H I S S A N A I U Q U R Y O G
S Z Y Z I S E S W Q H P U K K W K O H M
A H H H V P F O S T N Y K G F T Q G W U
```

BLITZBIRN – BLUZA – BSUFF – DODEL – FUNZN – GSCHISSANA – HIRNI – KEIFN – NUDELAUG – PFOSTN – RAUSCHKIND – SCHANI – STRIZZI – UNGUSTL – VOIDOIM

DEUTSCHE SCHIMPFWÖRTER
STUFE 1
LÖSUNG–SUCHSEL 4

```
D H A U S D R A C H E L A I H
K S Z Y C A D P L Ü M M E L H
Q E I Q H Y X A Y V U T F Q B
H K C U M J Q R I W S Z B Q K
A N K P I P B T A Z T E X U N
R O E Y E R N Y N I I R V Ä A
S B E T R I E B S U N F A L L
C H D T F P B R U Z K S K G L
H E F K I O X E D K S C B E K
G G L I N C S M C R T C Z I O
E O A W K A A S G E I E R S P
I I S O I Z D E K M E Q T T F
G S C V H H I P S C F G N R G
E T H O L Z K O P F E K E B U
C C E U G B I D Ä M L A C K Q
```

AASGEIER – ARSCHGEIGE – BETRIEBSUNFALL – DÄMLACK –
EGOIST – FLASCHE – HAUSDRACHE – HOLZKOPF –
KNALLKOPF – LÜMMEL – PARTYBREMSE – QUÄLGEIST –
SCHMIERFINK – STINKSTIEFEL – ZICKE

DEUTSCHE SCHIMPFWÖRTER

STUFE 2

LÖSUNG–SUCHSEL 5

```
S  I  R  U  N  S  H  O  L  H  N  Y  H  Z  W  B  T  L  C  Y
O  L  T  G  Z  T  O  G  D  A  E  I  U  R  I  L  R  U  Y  S
H  X  Q  R  Y  V  C  K  V  P  Y  Z  V  M  A  U  R  I  L  S
O  N  U  P  G  Z  H  Z  J  N  S  T  S  I  P  T  C  Y  T  E
B  E  A  A  N  G  S  T  H  A  S  E  L  D  E  S  X  D  D  W
T  B  D  R  R  W  T  O  W  R  A  R  G  S  C  A  A  U  M  H
K  R  R  A  M  P  A  O  T  R  F  H  C  C  B  U  E  U  J  X
F  W  A  G  R  Z  P  E  G  S  T  Y  S  J  K  G  Y  I  D  H
H  G  T  R  I  Q  L  V  E  F  S  T  E  A  U  E  O  I  H  W
N  T  S  A  Y  V  E  N  B  L  A  I  V  R  R  R  U  U  X  R
Q  K  C  F  I  I  R  E  S  A  C  B  J  C  P  L  B  P  W  S
L  W  H  E  L  S  D  X  S  N  K  C  A  L  F  Q  Z  H  B  G
F  W  Ä  N  Q  Z  N  D  R  D  B  U  E  I  U  Y  D  A  O  E
Y  E  D  R  J  R  B  R  R  E  V  Y  Q  R  S  E  Y  Z  B  X
O  Q  E  E  N  F  Q  H  W  I  Y  U  J  D  C  G  F  T  D  A
J  P  L  I  F  S  C  H  L  A  P  P  S  C  H  W  A  N  Z  Q
K  L  E  T  T  E  V  C  B  A  N  A  U  S  E  D  W  U  V  B
V  O  G  E  L  S  C  H  E  U  C  H  E  X  R  U  V  T  V  E
O  R  X  R  H  E  U  L  N  L  T  O  A  Q  G  S  T  T  Q  E
E  T  T  G  U  J  A  M  M  E  R  S  A  C  K  T  O  E  T  J
```

ANGSTHASE – BANAUSE – BLUTSAUGER – HOCHSTAPLER –
JAMMERSACK – KLETTE – KURPFUSCHER – LANDEI – NARR
– NUTTE – PARAGRAFENREITER – QUADRATSCHÄDEL –
SAFTSACK – SCHLAPPSCHWANZ – VOGELSCHEUCHE

DEUTSCHE SCHIMPFWÖRTER
STUFE 2
LÖSUNG–SUCHSEL 6

```
Y  Y  D  S  D  A  S  I  S  Z  Z  Y  G  N  F  X  C  K  I  R
I  X  R  O  K  M  D  W  E  I  C  H  B  I  R  N  E  A  S  E
S  G  E  K  F  U  R  I  E  H  O  C  R  F  V  D  A  D  K  D
B  T  C  T  W  T  Z  N  C  A  D  R  S  Z  V  W  U  R  P  R
K  J  K  K  Q  T  F  D  S  T  U  B  E  N  F  L  I  E  G  E
I  I  S  O  C  E  X  H  R  O  M  R  C  V  K  A  N  I  K  G
O  A  A  Q  O  R  F  U  N  A  M  I  O  Z  R  F  F  K  Z  U
F  N  C  U  B  S  F  N  W  T  K  L  H  A  Z  X  Y  Ä  S  U
N  Z  K  A  Q  Ö  R  D  Y  A  O  L  M  A  M  L  G  S  S  A
Z  U  N  R  I  H  Q  O  K  V  P  E  C  W  N  I  B  E  I  G
T  G  P  K  O  N  R  J  L  H  F  N  N  A  G  B  P  H  T  N
E  A  G  T  R  C  M  U  A  K  V  S  Y  O  R  K  A  O  Z  F
J  F  J  A  Z  H  R  C  O  N  E  C  F  H  U  W  Z  C  P  A
J  F  S  S  Z  E  J  E  L  B  U  H  Y  V  F  N  G  H  I  K
C  E  J  C  M  N  A  P  O  S  F  L  S  R  T  C  Z  Z  N  T
H  P  D  H  V  D  W  O  P  Z  H  A  G  R  I  T  M  R  K  W
H  X  I  E  A  N  D  A  K  Y  S  N  E  W  G  N  O  H  L  M
I  D  P  Z  S  E  W  F  L  I  E  G  E  N  F  Ä  N  G  E  R
T  K  Y  J  B  A  B  Y  F  A  C  E  T  A  X  S  R  T  R  R
U  G  C  I  V  M  G  Y  U  A  W  U  K  M  A  W  F  A  F  C
```

ANZUGAFFE – BABYFACE – BRILLENSCHLANGE – DRECKSACK –
DREIKÄSEHOCH – DUMMKOPF – FLIEGENFÄNGER – FURIE –
GRUFTI – MUTTERSÖHNCHEN – QUARKTASCHE – SITZPINKLER –
STUBENFLIEGE – WEICHBIRNE – WINDHUND

DEUTSCHE SCHIMPFWÖRTER

STUFE 1
LÖSUNG–SUCHSEL 7

L	Z	L	E	R	B	S	E	N	Z	Ä	H	L	E	R
I	O	R	C	H	A	C	K	F	R	E	S	S	E	Y
S	U	E	U	M	L	H	L	U	D	E	R	R	T	V
Y	S	H	I	Z	Y	W	T	P	F	O	R	A	P	Z
N	R	C	S	J	T	A	J	Q	K	K	V	R	I	B
Z	O	M	B	I	E	C	E	P	L	G	V	S	S	D
B	Q	F	I	L	T	H	P	W	W	A	F	C	S	O
N	U	L	L	N	U	M	M	E	R	O	F	H	N	O
W	A	B	S	C	H	A	U	M	P	N	M	L	E	F
N	U	L	E	Z	S	T	R	E	B	E	R	O	L	B
T	T	U	M	L	M	I	S	T	S	T	Ü	C	K	A
C	N	J	D	F	X	K	N	W	P	R	X	H	E	C
I	U	O	E	W	B	E	S	T	I	E	M	C	Z	K
K	A	M	E	L	T	R	E	I	B	E	R	G	D	E
R	O	T	Z	B	E	N	G	E	L	Q	U	O	G	L

ABSCHAUM – ARSCHLOCH – BESTIE – DOOFBACKE –
ERBSENZÄHLER – HACKFRESSE – KAMELTREIBER – LUDER –
MISTSTÜCK – NULLNUMMER – PISSNELKE – ROTZBENGEL –
SCHWACHMATIKER – STREBER – ZOMBIE

DEUTSCHE SCHIMPFWÖRTER
STUFE 2
LÖSUNG–SUCHSEL 8

```
L H O N I G K U C H E N P F E R D K R A
D J S E O P B K R I D E C G J L Q B O D
I S C H A U M S C H L Ä G E R R T L R E
L T Z L E P A R R V S I W I U A M Ö D S
E R S U X S P I N N E R F Z A B I D L D
T E N M U G F U C S K M T K X I U I T V
T U A P N E X H K D R P R R J K R A R M
A E S B A S T A R D A U M A V G C N D E
N C E H R I W M W U T R S G A A R S C H
T G N F P C S M I G Z N R E Y G N S W Q
Y W B E O H X E H R B F H N W O O B I N
K Z O A H T H L V C Ü B D Q U L W X G U
Z T H D A W N J P X R D W H N D H Q T U
O K R A H S K R Y C S E K I I X W K D C
Q J E U H F O W L F T E M P B H L R Z G
Y U R I A P C K A B E L T R Ä G E R Z P
E P I J X B E L Q X T J Q Q U I R M R P
D U R D Y U L C T I C H A U V I N I S T
U H K U U S B A N P N X P U J L O A G U
F O T L L E L U C Q P Z P E T D C R A T
```

ARSCH – BASTARD – BLÖDIAN – CHAUVINIST – DILETTANT – GEIZKRAGEN – HAMMEL – HONIGKUCHENPFERD – KABELTRÄGER – KRATZBÜRSTE – LUMP – NASENBOHRER – PUPSGESICHT – SCHAUMSCHLÄGER – SPINNER

DEUTSCHE SCHIMPFWÖRTER
STUFE 2
LÖSUNG–SUCHSEL 9

B	I	G	G	W	Z	H	I	L	H	I	R	S	C	H	K	V	P	X	Y
Y	C	O	C	Z	G	K	O	F	F	E	R	M	U	U	L	D	Y	R	R
Y	Z	U	L	H	H	E	P	S	G	E	X	N	T	S	U	D	Z	O	O
H	T	F	S	A	O	T	L	V	L	E	J	G	J	U	G	G	H	D	R
Y	L	M	P	S	U	C	X	J	K	D	R	E	C	K	S	A	U	H	O
D	C	R	B	E	D	V	N	K	X	X	B	U	F	C	K	K	M	E	E
C	B	L	I	N	D	S	C	H	L	E	I	C	H	E	H	M	Q	J	F
R	Z	S	U	F	P	A	N	T	O	F	F	E	L	H	E	L	D	I	V
M	R	B	T	U	R	R	P	Q	V	E	F	I	D	V	I	V	N	S	N
Ü	O	Z	P	ß	I	S	F	D	N	T	R	A	U	C	ß	W	S	C	K
C	E	D	P	W	M	C	E	C	W	T	E	F	I	U	E	H	H	H	T
K	R	R	L	R	I	H	R	W	T	S	C	O	T	X	R	P	E	O	C
E	F	A	B	A	T	G	D	Q	Z	A	H	V	G	L	U	A	U	ß	S
N	C	O	M	V	I	E	E	K	Z	C	D	W	L	E	O	R	A	H	M
H	R	A	D	Q	V	S	A	P	E	K	A	U	L	U	B	Y	A	U	W
I	Y	R	Z	Q	L	I	R	R	O	E	C	M	K	O	H	X	U	N	R
R	Z	R	S	H	I	C	S	N	U	T	H	T	K	V	G	S	L	D	I
N	H	A	J	R	N	H	C	I	D	J	S	Z	H	D	Y	U	N	R	Q
W	W	T	K	E	G	T	H	L	A	C	K	A	F	F	E	Y	L	C	A
I	D	D	K	B	F	U	S	T	S	V	M	B	U	D	V	R	B	A	N

ARSCHGESICHT – BLINDSCHLEICHE – DRECKSAU – FETTSACK
– FRECHDACHS – HASENFUß – HIRSCH – KLUGSCHEIßER –
KOFFER – LACKAFFE – MÜCKENHIRN – PANTOFFELHELD –
PFERDEARSCH – PRIMITIVLING – SCHOßHUND

DEUTSCHE SCHIMPFWÖRTER
STUFE 1
LÖSUNG–SUCHSEL 10

R	G	H	E	U	L	S	U	S	E	X	U	T	P	U
L	B	D	U	M	M	B	E	U	T	E	L	Q	X	A
D	N	L	H	K	V	T	B	A	G	A	G	E	M	K
S	C	H	L	A	F	T	A	B	L	E	T	T	E	Y
D	D	S	C	H	Ü	R	Z	E	N	J	Ä	G	E	R
U	Y	N	E	R	V	E	N	S	Ä	G	E	U	E	O
B	R	E	M	S	E	R	B	I	T	C	H	I	W	Y
W	I	L	D	S	C	H	W	E	I	N	V	F	B	F
J	E	L	Ü	G	E	N	B	A	R	O	N	Y	G	R
I	S	R	S	D	N	O	R	S	J	C	K	E	J	A
C	A	L	K	H	S	R	V	T	B	K	G	K	S	T
E	O	D	B	P	G	X	T	U	S	S	I	R	Q	Z
R	P	I	C	K	E	L	G	E	S	I	C	H	T	E
G	K	L	E	I	N	G	E	I	S	T	N	R	N	P
D	Q	N	X	A	N	A	L	A	K	R	O	B	A	T

ANALAKROBAT – BAGAGE – BITCH – BREMSER – DUMMBEUTEL
– FRATZE – HEULSUSE – KLEINGEIST – LÜGENBARON –
NERVENSÄGE – PICKELGESICHT – SCHLAFTABLETTE –
SCHÜRZENJÄGER – TUSSI – WILDSCHWEIN

SCHWEIZER SCHIMPFWÖRTER
STUFE 3
LÖSUNG–SUCHSEL 11

```
T  Q  I  K  B  Z  U  M  Q  M  A  K  F  D  P  Y  I  M  A  X
C  I  L  H  H  Q  H  V  R  O  M  A  B  E  T  M  T  P  R  V
V  I  M  V  I  Y  O  D  I  D  M  J  T  K  G  V  V  F  Q  Q
U  D  S  I  O  L  R  Q  U  Z  C  H  E  S  S  Ä  R  H  W  E
C  N  B  P  Q  B  N  P  N  I  S  K  B  H  C  B  H  D  I  S
J  A  H  U  Z  A  O  X  D  C  N  I  S  X  A  H  S  Y  H  I
H  H  Q  L  B  N  C  N  Y  N  E  L  R  V  B  B  O  G  B  T
F  H  Q  X  A  I  H  W  I  N  J  N  S  G  Q  I  A  O  S  G
W  P  O  E  Z  G  S  S  I  V  V  I  B  Q  H  F  Q  S  L  W
T  Q  F  K  B  H  G  V  I  I  M  B  Y  O  P  C  L  Z  C  I
G  J  H  L  S  C  H  O  F  S  E  C  K  E  L  K  N  R  I  H
K  U  V  G  O  A  H  X  P  K  L  Y  H  H  O  U  Y  G  N  Z
N  P  A  H  I  C  X  D  Y  L  A  P  P  I  V  T  R  I  E  W
I  I  L  E  N  G  K  L  W  N  U  B  Q  Ü  G  N  D  A  E  N
R  G  H  A  I  G  U  Z  Ö  W  E  D  P  I  Ü  S  A  E  A  N
G  P  Y  Y  G  Y  S  J  J  L  R  M  G  Q  E  R  X  A  E  F
T  M  I  C  G  Ö  U  B  V  N  I  O  I  A  E  D  U  J  H  I
H  G  V  G  E  E  Ö  C  O  E  Z  G  F  K  M  A  N  G  A  S
X  N  B  W  L  P  U  R  G  T  H  T  U  R  Y  X  O  A  H  P
U  I  D  Y  M  V  D  G  I  L  H  P  Q  N  S  Ü  R  M  E  L
```

BUBI – CHESSÄ – GIGU – HABASCH – HORNOCHS – LAPPI –
LAUERI – LÖLI – PFLOCK – PLAGÖÖRI – PÜÜRU –
SCHOFSECKEL – SOINIGGEL – SÜRMEL – TSCHOOLI

DEUTSCHE SCHIMPFWÖRTER
STUFE 2
LÖSUNG–SUCHSEL 12

```
C T H D C D N J P D Y W N Z Y B D X Z O
W T V L A I P S R S M O F R V B T I T T
H C S U I E C I B E T D X T F T D A G L
M E Q H M N S C H N E P F E I P A T H Y
Z B U Q L C C V Y W Y V S Z V R I T Z M
G A A C L S C H E R Z K E K S Y N Q V I
Q I T G S R H E D R A C H E Y W E U D L
D L S A C A H A E A C A Q J G K A U C
L P C R H S Z T H B E H J M T A E C M H
S C H R E C K S C H R A U B E G L K P G
I Z K E I H Y F L I T T C H E N P S F E
Q U O A N N W Y A C Z C M T R R A A B S
Y S P U H Ö D M H D H S L I T M K L A I
R H F D E S U K M J W L G F P D E B C C
A U M H I E M P A P P N A S E M T E K H
W W H E L L M R R Y Y S T K L Q N R E T
L Z S F I Z B E S Y D E R X V D G N O N
F D H T G S A B C X B Z N U B Y A W I S
L E O U E T T W H F L R E R P N B N D S
I V I K R A Z H Z V E M X Y I O P B J Q
```

DRACHE – DUMMBATZ – DUMPFBACKE – EKELPAKET –
FLITTCHEN – LAHMARSCH – MILCHGESICHT – PAPPNASE –
QUACKSALBER – QUATSCHKOPF – SCHEINHEILIGER –
SCHERZKEKS – SCHNEPFE – SCHNÖSEL – SCHRECKSCHRAUBE

DEUTSCHE SCHIMPFWÖRTER
STUFE 1
LÖSUNG–SUCHSEL 13

L	T	K	A	O	A	H	O	H	L	K	O	P	F	G
L	E	Q	N	I	U	D	N	W	S	O	G	E	J	I
I	M	K	I	R	S	N	H	B	C	B	P	O	E	F
K	A	R	N	V	L	P	K	E	H	O	E	N	U	T
U	N	H	I	P	A	A	H	V	M	L	Q	R	U	M
U	G	D	J	F	U	U	P	S	U	D	I	N	M	I
S	E	O	T	V	F	S	R	K	T	Y	T	A	A	S
C	B	L	H	Q	M	E	O	G	Z	S	S	S	U	C
G	E	M	Y	T	O	N	L	M	F	P	P	E	L	H
N	R	S	D	E	D	C	E	F	I	Z	I	W	H	E
Q	U	A	S	S	E	L	T	A	N	T	E	E	E	R
P	A	Z	V	Z	L	O	L	A	K	O	ß	I	L	C
K	M	P	O	V	L	W	V	P	H	K	E	S	D	Z
L	E	R	B	S	E	N	H	I	R	N	R	M	T	J
S	I	B	L	Ö	D	A	R	S	C	H	R	Y	P	B

ANGEBER – AUSLAUFMODELL – BLÖDARSCH – DOLM –
ERBSENHIRN – GIFTMISCHER – HOHLKOPF – KOBOLD –
MAULHELD – NASEWEIS – PAUSENCLOWN – PROLET –
QUASSELTANTE – SCHMUTZFINK – SPIEßER

DEUTSCHE SCHIMPFWÖRTER

STUFE 3

LÖSUNG–SUCHSEL 14

```
I  S  W  M  S  T  I  N  K  S  T  I  E  F  E  L  G  S  N  Y
M  T  I  A  D  C  A  C  H  V  V  R  S  K  S  W  S  A  C  A
W  I  L  D  S  C  H  W  E  I  N  H  R  W  A  Z  R  U  R  U
A  U  A  M  X  U  V  W  P  T  O  W  S  P  I  E  ß  E  R  S
Q  I  T  Q  X  N  A  F  A  W  D  Q  I  A  R  T  P  A  D  L
H  O  O  B  E  R  A  R  S  C  H  L  O  C  H  F  W  K  J  A
A  D  V  R  Z  P  R  H  E  I  H  J  O  G  L  A  C  L  B  U
W  J  V  F  J  F  R  X  K  R  D  M  Y  T  R  I  K  F  R  F
Z  A  Y  R  D  E  O  O  E  M  W  B  A  N  A  U  S  E  U  M
O  R  P  P  K  A  R  M  L  E  U  C  H  T  E  R  V  N  J  O
X  S  H  S  M  U  M  N  P  E  M  M  P  D  I  F  O  Z  K  D
G  C  U  D  A  N  I  G  A  O  T  V  O  D  N  K  L  Y  P  E
K  H  D  Z  N  F  S  B  K  K  H  N  A  F  R  N  E  G  V  L
E  G  S  D  G  M  T  O  E  X  H  J  K  U  W  H  F  R  Q  L
B  E  G  W  E  L  S  S  T  S  E  Y  H  K  K  J  W  U  Q  H
P  I  Z  P  B  C  T  V  A  P  X  F  E  L  Q  C  P  F  B  Y
U  G  V  H  E  C  Ü  T  Y  C  S  Y  S  X  W  W  R  T  E  W
H  E  S  X  R  V  C  R  M  M  K  O  T  X  I  I  Z  I  A  E
I  E  C  F  Q  V  K  T  J  M  I  A  U  D  N  U  Q  H  S  T
L  L  E  Z  E  S  A  H  C  X  H  F  U  K  J  P  U  E  E  B
```

ANGEBER – ARMLEUCHTER – ARSCHGEIGE – AUSLAUFMODELL –
BANAUSE – EKELPAKET – GRUFTI – MISTSTÜCK –
OBERARSCHLOCH – PROLET – SAFTSACK – SCHWACHMATIKER –
SPIEßER – STINKSTIEFEL – WILDSCHWEIN

DEUTSCHE SCHIMPFWÖRTER

STUFE 2

LÖSUNG–SUCHSEL 15

```
L U T D N A U D A E K V M A S G Q O P V
Q L C E T V H U F Q M M H L T P R J O N
D X S Z U E E J B A B Y F A C E B Q F H
F R C A I J U H N L F I R I B V T O T D
I K H F T D C R Z X A S O W T B H S U E
I F N I K I H Y C A Q T Z I H D P B N D
O P E H L F L O R W E F M N Z P I H Q B
B S C H A R E G Y F C K W D H Z H U E S
E D K A M E R A D E N S C H W E I N O P
R I E M M A Z H U H C E B U G K I D Y L
A D N P E J B B L Ö D M A N N P S E C N
R T E E R U O Q B I Z Q S D N F Z S W E
S F H L A X L C V U V L T N V E T O T X
C M T M F K R E S M D T A S Z I Y H L H
H T D A F Y S C H N O R R E R F Q N H F
L I M N E J V J S I F T D I P E R X J R
O C G N I D I O T M R N Z A B V R S T V
C F N K D J G R K M Z F N D X D C L Q Q
H L V P M T R L N U L L C H E C K E R U
X X D K E V A E E F S X T B X B I Y Q D
```

BABYFACE – BASTARD – BLÖDMANN – HAMPELMANN –
HEUCHLER – HUNDESOHN – IDIOT – KAMERADENSCHWEIN
– KLAMMERAFFE – NULLCHECKER – OBERARSCHLOCH –
PFEIFE – SCHNECKE – SCHNORRER – WINDHUND

DEUTSCHE SCHIMPFWÖRTER

STUFE 3

LÖSUNG–SUCHSEL 16

```
D H M K O B E I ß Z A N G E F A M K B G
S G D K N A Z H K N B O J P V B O A A I
V Y B H I Y I O U T N D O O N O P M I X
C U W G X L D O R F M A T R A T Z E T F
F U Y Q H S P Y C H G C T A I L E L A G
U Q D P N M O A N A L A K R O B A T Y R
Q Q E R B S E N Z Ä H L E R F E T R L I
D A V V W F A S J W Z U Z Q V Q G E T U
B R I L L E N S C H L A N G E S F I L G
D Ä M L A C K W K E U I M D X R U B A T
L J Q W E A E Q K O T Z B R O C K E N I
D F Z A L W F A C O M T V R L L T R Z I
Y E Z H H E F K T I A N V H L M E U S
Y Y J L E H U R E N S O H N K M R T G L
C O L R S V H Y U N D Y G J B L Z T A I
N P B R O M A E I Q F L J B J M O U F S
F B N T J N G K E Z D U S Y N X M U F U
O V S T Ü M P E R X F R R I T A B A E M
F H A M P E L M A N N S L Z P V I L G R
I K J C I E C H N A F P C S P T E Y S R
```

AFFENFURZ – ANALAKROBAT – ANZUGAFFE – BEIßZANGE –
BRILLENSCHLANGE – DÄMLACK – DOLM – DORFMATRATZE –
ERBSENZÄHLER – HAMPELMANN – HURENSOHN –
KAMELTREIBER – KOTZBROCKEN – STÜMPER – ZOMBIE

DEUTSCHE SCHIMPFWÖRTER
STUFE 2
LÖSUNG–SUCHSEL 17

Q	E	S	T	R	H	K	D	T	D	X	W	I	F	N	E	T	X	V	B
W	R	C	U	J	A	M	M	E	R	S	A	C	K	K	K	I	K	D	Q
O	O	H	S	N	N	X	D	T	J	C	S	N	V	M	E	J	S	X	K
B	N	O	S	E	G	O	I	S	T	O	R	F	K	O	P	F	B	S	Z
Y	L	ß	I	P	I	A	N	W	Z	F	T	R	N	B	N	T	Y	R	W
Y	X	H	S	K	B	R	J	T	Q	U	A	R	K	T	A	S	C	H	E
H	G	U	T	B	E	W	E	T	E	M	U	A	E	F	A	V	P	A	I
K	G	N	U	N	T	C	R	L	F	O	X	H	E	I	J	F	G	X	C
R	I	D	B	O	R	F	X	D	W	F	E	X	R	U	P	L	T	N	H
A	K	O	E	V	I	Z	L	W	D	T	W	Z	U	B	K	S	Z	K	B
T	J	E	N	U	E	X	P	A	R	T	Y	B	R	E	M	S	E	D	I
Z	S	U	F	J	B	O	F	N	J	A	Y	F	G	N	S	G	N	B	R
B	D	D	L	T	S	S	Y	D	B	C	Y	S	Z	D	P	L	W	W	N
Ü	P	V	I	M	U	T	T	E	R	S	Ö	H	N	C	H	E	N	M	E
R	C	S	E	X	N	B	U	R	Q	L	H	U	K	D	O	G	D	Y	S
S	J	K	G	D	F	A	Q	P	X	U	H	H	U	O	E	D	E	S	E
T	Y	F	E	H	A	Z	T	O	C	M	M	G	N	I	B	I	U	F	Q
E	N	A	E	G	L	K	L	K	Q	J	O	B	R	C	L	C	K	V	D
F	O	N	Y	Q	L	A	H	A	C	K	F	R	E	S	S	E	X	E	P
A	A	S	G	E	I	E	R	L	A	M	E	T	E	J	R	K	C	X	P

AASGEIER – BETRIEBSUNFALL – EGOIST – HACKFRESSE –
JAMMERSACK – KRATZBÜRSTE – MUTTERSÖHNCHEN –
PARTYBREMSE – QUARKTASCHE – SCHOßHUND – STUBENFLIEGE
– TORFKOPF – TUSSI – WANDERPOKAL – WEICHBIRNE

DEUTSCHE SCHIMPFWÖRTER
STUFE 3
LÖSUNG–SUCHSEL 18

```
O  S  A  A  W  U  S  H  R  O  A  S  T  O  R  U  R  J  B  Z
U  U  P  R  C  S  H  W  J  L  P  A  T  J  F  G  D  T  L  Y
U  D  P  I  S  S  N  E  L  K  E  R  K  Z  R  U  L  Y  W  S
V  N  E  K  N  C  W  S  V  I  Q  S  A  B  R  S  U  G  X  T
L  S  U  V  Q  N  H  L  O  V  S  C  H  N  E  P  F  E  J  H
H  X  R  G  S  E  E  N  G  I  J  H  K  O  D  Z  H  X  V  H
E  I  H  R  Z  L  B  R  E  E  G  G  K  D  L  I  G  K  B  X
Q  N  D  C  N  G  I  Y  L  H  X  E  Y  A  A  Z  C  Q  W  G
V  U  O  K  T  I  Q  G  S  T  N  S  S  D  B  U  K  S  X  I
L  U  M  P  W  C  X  S  C  X  I  I  G  H  F  L  J  O  D  W
W  P  A  C  A  J  O  N  H  H  T  C  Z  K  I  H  L  E  P  H
K  I  E  G  T  U  D  A  E  E  W  H  N  X  R  L  A  O  L  F
I  Z  G  F  M  R  D  E  U  N  U  T  D  U  J  P  P  F  A  H
O  A  H  Q  M  Q  X  P  C  S  N  L  I  N  W  I  M  A  J  M
T  P  I  G  U  D  S  B  H  V  T  E  B  F  L  O  D  R  S  W
N  C  R  A  A  M  A  T  E  U  R  R  Z  O  P  F  U  I  W  J
N  A  S  E  W  E  I  S  Y  S  J  W  E  I  J  L  B  Z  O  Q
P  S  C  I  H  K  B  Z  P  T  T  L  Y  B  I  E  L  U  O  T
O  J  H  E  D  I  O  T  I  V  N  I  J  Y  E  X  B  Q  A  F
N  F  K  S  E  T  I  S  O  B  T  O  E  M  O  R  S  O  Y  L
```

AMATEUR – ARSCH – ARSCHGESICHT – BESTIE – HEULBOJE – HIRSCH – HOLZKOPF – IDIOT – LUMP – NASEWEIS – PISSNELKE – SCHNEPFE – SPINNER – STREBER – VOGELSCHEUCHE

DEUTSCHE SCHIMPFWÖRTER
STUFE 2
LÖSUNG–SUCHSEL 19

```
R H W D U H T B H G O V G T T H P U E E
P E P I M A N D T J X L Q Z E Y W B X R
R F B E T M H S N O A A G G J E C P Q Q
I I I P I M S C J G O A K L A S F E H F
M K T C D E T O B Y C K A X M V K K O P
I A C J U L D Z I U P X N E D C O C C N
T I H Z U T R H A S W S G U X O R M H R
I J N H E H U X B C Y M S G R U O D S N
V Y O F L I T T C H E N T C F R T R T S
L J P K S E G R E M C B H W K Y Z A A F
I U J W B I U U W I Y L A M S J B C P B
N A S E N B O H R E R Z S B S X E H L U
G A S K A B E L T R Ä G E R U E N E E X
I F Z L Q E R Z Y F R K Y U E K G G R E
N O C H C K U R N I G R L Ü M M E L M Z
B P N X O O B T Q N N M N M C O L K I A
V D U M P F B A C K E C C F B D W V Z I
R C T L A F G F E O D H N F Z B W K I A
X U T Y A E O L O B H U U W C D N U V P
M N E E F R F U U Z Z S T A P X X I H U
```

ANGSTHASE – BITCH – DRACHE – DUMPFBACKE –
FLITTCHEN – HAMMEL – HOCHSTAPLER – KABELTRÄGER –
KOFFER – LÜMMEL – NASENBOHRER – NUTTE –
PRIMITIVLING – ROTZBENGEL – SCHMIERFINK

SCHIMPFWÖRTER 3-LÄNDER-MIX
STUFE 3
LÖSUNG-SUCHSEL 20

```
B L T I X W S L B N O T M P Y D N H L J
D L S B T D F C W A U E L C O L P F W K
X K T H M L J N H S L D Q P K K W L X E
T H J F B K T K V E A B E B F Y E G H C
I I I L L N H U X N R U N L V B B C F Q
U H G T H A T S Q B G Z C W A P P L A S
D A A A D L D B J O U N K H N U N P F T
H A U Q S L N M L H F S D E O S G D L Q
W I I D Y K N X H R T B C U K G D B V U
C W N L B O E Q W E J K Z K O S R Y V C
U F K F A P I Z S R F W F Q F T X O U R
T W X A U F S C H N E I D E R V D C X D
C Y P A N Ü F Z H A I Z N L P O C I F T
C N S U Z D V E K I C A W D V I R N N I
S C U H M I E D N M V H Z P T D S F O J
K P X T K P K A A F F G U H A O Z X B D
F N V L T M I M U R U V V D X I T B I I
M V S A I Ä B G T J V R A E L M H S T O
R S H N O K F V W X A D Z T H E T A C S
Y Z V R D B M C Y O G V M S Z D R U H H
```

AFFENFURZ – AUFSCHNEIDER – BITCH – HUDLER –
KNALLKOPF – NASENBOHRER – NUDELAUG – NUTTÄ –
PFÜDI – PUMPI – SAUCHOG – SCHERZKEKS – TOTSCH –
VOIDOIM – WAPPLA

DEUTSCHE SCHIMPFWÖRTER
STUFE 3
LÖSUNG–SUCHSEL 21

D	G	S	B	P	B	B	L	I	N	D	S	C	H	L	E	I	C	H	E
X	X	Q	Z	A	L	U	R	K	K	H	R	D	H	O	B	A	O	D	X
N	Q	M	T	G	G	N	I	X	S	S	X	O	L	Z	S	Q	M	F	K
V	B	T	M	B	X	A	E	J	C	B	T	O	F	E	T	W	S	U	U
L	P	A	I	H	Z	V	G	H	H	Q	I	W	M	D	B	T	T	I	C
Q	I	Z	B	H	V	L	Q	E	L	R	V	S	R	F	T	V	F	Q	A
Q	C	S	I	A	O	N	Q	U	A	T	S	C	H	K	O	P	F	U	R
Z	K	T	S	A	N	D	E	L	M	P	C	H	S	V	T	A	E	H	S
V	E	P	J	O	E	S	P	S	P	N	H	R	I	E	X	U	T	S	C
W	L	X	T	O	N	C	J	U	E	B	E	E	Q	N	R	S	T	X	H
T	G	G	J	D	U	H	Y	S	S	C	I	C	T	C	Q	E	S	P	L
T	E	V	M	K	L	M	J	E	Z	S	N	K	F	K	S	N	A	T	O
O	S	U	P	N	L	U	W	Z	O	J	H	S	B	I	A	C	C	X	C
B	I	D	F	B	C	T	G	M	C	D	E	C	C	T	T	L	K	T	H
W	C	Y	Q	Q	H	Z	B	Z	O	N	I	H	U	K	E	O	P	B	W
F	H	T	K	R	E	F	O	W	A	R	L	R	C	P	C	W	N	T	Q
F	T	R	D	T	C	I	P	W	G	X	I	A	X	L	A	N	D	E	I
N	T	S	H	U	K	N	T	X	X	Q	G	U	C	W	W	Q	M	A	Q
L	E	R	X	T	E	K	W	M	T	I	E	B	L	Ö	D	I	A	N	I
J	A	D	I	C	R	W	H	P	C	X	R	E	L	T	A	F	G	C	Z

ARSCHLOCH – BAGAGE – BLINDSCHLEICHE – BLÖDIAN – FETTSACK – HEULSUSE – LANDEI – NULLCHECKER – PAUSENCLOWN – PICKELGESICHT – QUATSCHKOPF – SCHEINHEILIGER – SCHLAMPE – SCHMUTZFINK – SCHRECKSCHRAUBE

DEUTSCHE SCHIMPFWÖRTER

STUFE 2

LÖSUNG–SUCHSEL 22

Y	I	D	D	G	V	N	I	U	G	O	G	S	U	V	H	B	S	J	K
Y	A	U	Z	N	A	G	O	K	T	X	P	Y	T	W	O	S	V	L	T
M	B	M	C	I	K	N	Y	T	N	Y	W	H	P	V	J	E	W	C	M
I	S	M	J	E	F	M	I	T	Q	B	M	O	C	K	N	T	O	V	K
S	C	B	S	I	R	E	X	P	P	K	S	H	P	S	L	V	H	X	L
L	H	A	U	S	P	U	T	Z	E	R	M	L	N	A	E	N	E	P	E
A	A	T	V	N	L	I	I	Y	Q	N	M	K	L	C	H	B	G	A	I
C	U	Z	H	N	V	E	C	V	C	Z	B	O	S	K	S	P	U	E	N
K	M	T	B	U	J	M	Q	P	O	R	L	P	D	G	T	L	A	V	G
A	P	T	R	L	H	I	Q	F	X	S	W	F	M	E	E	R	U	D	E
F	E	L	E	L	N	L	H	B	V	Y	L	U	U	S	A	L	S	U	I
F	N	S	M	P	X	C	Z	P	T	S	W	R	S	I	Z	V	V	Y	S
E	R	B	S	E	N	H	I	R	N	L	I	Z	K	C	R	R	A	N	T
W	R	W	E	I	E	G	E	A	L	V	Q	G	M	H	S	F	W	Y	T
H	J	R	R	L	J	E	Q	U	A	S	S	E	L	T	A	N	T	E	V
N	D	T	A	E	A	S	C	H	A	U	M	S	C	H	L	Ä	G	E	R
E	O	A	E	R	S	I	H	Y	A	D	T	I	I	E	O	W	H	I	G
D	M	I	Z	O	H	C	A	O	H	E	U	C	H	L	E	R	K	B	N
W	Z	Z	J	Y	C	H	A	C	R	R	I	H	H	G	I	A	J	G	Q
A	K	U	K	W	L	T	A	J	E	L	I	T	S	T	G	S	Z	V	R

ABSCHAUM – AUSPUTZER – BREMSER – DUMMBATZ –
ERBSENHIRN – FURZGESICHT – HEUCHLER – HOHLKOPF –
KLEINGEIST – LACKAFFE – MILCHGESICHT – NULLPEILER
QUASSELTANTE – SACKGESICHT – SCHAUMSCHLÄGER

DEUTSCHE SCHIMPFWÖRTER
STUFE 3
LÖSUNG–SUCHSEL 23

```
B F T L A D U M M B E U T E L B I C N L
N N P N E V E G Q L I I V O N U E Q S O
H A S E N F U ß M P S Y C H O K Y I H H
K Y O R K S A T A N S B R A T E N U O I
M O H V P W C C L A H M A R S C H A N F
M E V E P A F H P F Z O T U Z H D N I X
K U Z N G J R P A L N Y M S F K C G G W
C L W S A N R A G U A B U P F E D O K C
O Z U Ä H R R N G B V M K W G L P K U Y
T C Y G E Q K T V R L I Z C E M I H C O
S N V E S Q K O M F A Ö N O Q S U C H Z
L I E Z Z C D F G H T F D I Z M A A E W
U Y C W A S H F R G N E E A S I H K N G
S C H N O R R E R A O Q J N R T C C P Q
T Z N C P C B L I L T I P T R S T K F Z
E N G R E P R H D ß A Z A Q J E C C E K
A R F Q H P I E V B E L E X G L I H R B
R B V Z N T L L M H F R R T H K J T D N
N J Z F I X Q D P A A Q S H F N Q R E S
X Q N J B F F R N I W Y N W D M C T K R
```

BLÖDARSCH – CHAUVINIST – DUMMBEUTEL – FRATZE – HASENFUß –
HONIGKUCHENPFERD – KLUGSCHEIßER – LAHMARSCH –
NERVENSÄGE – PANTOFFELHELD – PARAGRAFENREITER – PSYCHO –
SATANSBRATEN – SCHNORRER – ZICKE

DEUTSCHE SCHIMPFWÖRTER
STUFE 3
LÖSUNG–SUCHSEL 24

```
N B P Y X O B A Y T Z O O D F K F R V K
B A F W V S L H L Y B H U D S A K N E X
T T R Q Z C U L M B X A K N O M N W U U
K D K D X I T N U N L U Z M C E A L P M
U T A O F E S A R E V S P T D R L H S G
E E Z L F U A B T A S D T A I A L V D T
Q G I U H S U T B N X R T K L D K T Y I
D R S F B C G H G D V A N W E E O I C P
G P N T F H E V O E Y C S B T N P D I A
N U M I M Ü R P B R D H S N T S F N K U
A T S K O R R I N T H E N A C K E R W
H F L U R Z N W S A Z I M F N H N I A M
E T B S B E J E V L L S Q T T W D A A L
R G L U Y N X B O E O C H U I E W P C T
M B L T I J A D B R P M I Q Q I P G H C
C X U T U Ä C K V F E I G L I N G K B C
H S S H X G I Y S E S S E L P U P S E R
U S C H N E C K E A E K G D I Q A Y D H
A X H Q R R S C H N Ö S E L M N Y Y F R
F R E C H D A C H S S C Z I R W N E N I
```

BLUTSAUGER – DILETTANT – FEIGLING – FRECHDACHS –
HAUSDRACHE – KAMERADENSCHWEIN – KNALLKOPF –
KORRINTHENKACKER – LUFTIKUS – LUSCHE – NEANDERTALER –
SCHNECKE – SCHNÖSEL – SCHÜRZENJÄGER – SESSELPUPSER

DEUTSCHE SCHIMPFWÖRTER
STUFE 3
LÖSUNG–SUCHSEL 25

```
D N M R C K L G K E O A F G V S W U R V
I O A E H S U E S A G W B M W R Q U K L
R W O R V L D G D R E C K S A C K Q J X
Z M S F R M E P F E I F E Y T X F J B O
C Y A D B F R Y X X Z S O G Z E X I C D
K P E U E A A F K F K X A I J Z L J D F
O P P M L G C C Z A R A H U I I E H X S
L H L M R H H K G D A S X R T J P K R V
A I H K M R E F E D G V P B L A V H L H
D Q S O H F O L D R E I K Ä S E H O C H
Y T X P W E U U D Z N Z J N B J H W Y U
B E F F Q R Q D R Ü C K E B E R G E R N
G K M C E O U U L C N C X H X I R I S D
F A Y E F M D K L A M M E R A F F E F E
Z D J I V L F J R R Y P M P L R F W Z S
A Q I Y U U A B K O B O L D G H G M Y O
F Q S U N C M S U D V U K A N Q J J B H
H K C K J E J P C D J V Q S K Q T C T N
Q V U W N R D P C H T A H S P E B J H E
N Y U L N P Q F L I E G E N F Ä N G E R
```

DOOFBACKE – DRECKSACK – DREIKÄSEHOCH – DRÜCKEBERGER
– DUMMKOPF – FLASCHE – FLIEGENFÄNGER – GEIZKRAGEN –
HUNDESOHN – KLAMMERAFFE – KOBOLD – LUDER – MAULHELD
– NARR – PFEIFE

DEUTSCHE SCHIMPFWÖRTER
STUFE 4
LÖSUNG–SUCHSEL 26

```
C P I W S D Q O U O Y F Y T N X J X M D
Q R C D L H V N E U I M E T T E L K R B
U E D G B Y Q U Y K G C K I W D E H X S
Z K F T Y M S K R K T F Y G G R N B Q O
S L Z B H T G D X T R F C A H L H W X E
R K A R M L E U C H T E R E Q C I S H F
N D T K S I Q L C S N B R Z P K N I P
I V I O C P E K I H V N E U M S Z G E
S S X K H D H C C S T H G D R T E E S N
H T C E A M Ü P E G P D U D T S Y R H
U I P H U N E D R G N Q Y L R P S S T C
H J R I M P V I K Z H L B R A R E Y O S
H F I S S I Z Z O R E B V X O R L M R K
L Z N Z C S E Y X U N H U T U P M F G
N D A I H H N R J F H S J E Y L U G K O
A C X N L A L E F L A W A Ä Y J P L O O
R C Z D Ä B D W L I R R V X G W S U P E
R E J D G J A G S K N M Z S R E E J F P
V M L I E X B A O D E K Z S O S R U D M
D U W X R V Z M T L Q N Y J O F Q D R Z
```

ARMLEUCHTER – FEIGLING – FURZGESICHT – HIRSCH – KLETTE – LUDER – NARR – PISSNELKE – SCHAUMSCHLÄGER – SCHMIERFINK – SCHNEPFE – SCHÜRZENJÄGER – SESSELPUPSER – STREBER – TORFKOPF

DEUTSCHE SCHIMPFWÖRTER
STUFE 3
LÖSUNG–SUCHSEL 27

N	N	V	Y	J	A	X	D	C	K	A	S	Z	Z	M	Z	T	R	L	V
A	I	Q	F	U	F	P	F	E	R	D	E	A	R	S	C	H	A	G	M
P	T	G	Z	E	V	E	O	K	L	E	T	T	E	Z	P	X	N	M	B
P	Q	U	A	D	R	A	T	S	C	H	Ä	D	E	L	U	W	U	Ü	A
A	N	Q	E	Q	S	E	P	F	M	F	U	V	A	A	P	V	L	C	W
P	D	N	V	X	L	O	S	Q	Q	Q	B	T	W	F	S	D	L	K	O
P	S	C	H	E	R	Z	K	E	K	S	X	T	M	E	G	X	N	E	L
N	P	C	I	A	E	R	S	C	O	S	R	T	Q	G	E	X	U	N	S
A	Z	Q	H	N	R	R	C	L	R	A	Z	O	N	W	S	C	M	H	Q
S	T	D	T	L	Z	F	G	F	U	A	Z	I	R	U	I	D	M	I	L
E	Z	F	E	Ü	A	H	I	K	U	R	P	F	U	S	C	H	E	R	U
U	X	S	D	G	W	F	F	S	Q	R	J	G	J	I	H	F	R	N	H
B	J	A	W	E	M	M	T	Z	C	A	C	F	M	F	T	W	S	S	O
Q	R	R	T	N	Y	T	M	A	K	H	E	P	U	F	U	M	L	H	B
R	M	H	M	B	T	X	I	X	B	I	K	H	A	J	U	R	N	S	E
J	O	H	R	A	Q	E	S	C	P	L	N	O	K	Q	E	R	I	U	W
D	K	O	G	R	P	O	C	R	Z	Z	E	J	P	B	F	F	Y	E	J
D	E	I	E	O	X	S	H	L	A	B	Z	T	E	F	Q	V	S	T	R
L	Z	G	A	N	D	R	E	C	K	S	A	U	T	W	E	T	E	Z	X
V	W	I	Y	S	W	D	R	N	W	N	L	T	Z	E	I	Q	X	P	B

DRECKSAU – FISCHKOPF – FURIE – GIFTMISCHER – KLETTE
– KURPFUSCHER – LÜGENBARON – MÜCKENHIRN –
NULLNUMMER – PAPPNASE – PFERDEARSCH – PUPSGESICHT
– QUADRATSCHÄDEL – SCHERZKEKS – SCHLAFTABLETTE

DEUTSCHE SCHIMPFWÖRTER
STUFE 4
LÖSUNG–SUCHSEL 28

```
L Z U G G B Q N R J Z I R R Y N T W A Y
Q W X A C E N A T G D E I Q V T R T D V
I V Q H T D O R R X Q R O R I N Z L A U
E I Z U S S J A P Q M S P I D Y H P H X
T H U R D C I I P I O K A X L N M S O G
P Q E E O R H E J O B L U E H T I C N T
N Q S N R R E L G I U W K W M A L H Z Y
D R A S F H Q N A N Y J E D N C C W H N
R L K O M E O D N F I W R R R J H A F H
H Z M H A O C R A I T E Q O U Y G C Q R
N X J N T F N H I G P A L J S Y E H G W
A H U K R L S S D Z P S B K V S S M R U
D R I R A E Y T Ö E M C L L L H I A R O
A I B Q T G U Z L J J J B A E A C T H I
W B N D Z O J K B U O B R C U T H I U F
Y R H W E I C H B I R N E K N O T K N U
V Y G H T S I E G L Ä U Q A S M T E M P
P E N A P T R K F G A F P F H E U R E D
A M R E H C S I M T F I G F Z Q A Z R L
E U K V F L L F K J H E J E S B Q S F E
```

BLÖDIAN – DORFMATRATZE – EGOIST – GIFTMISCHER – HEULBOJE – HURENSOHN – KLEINGEIST – LACKAFFE – MILCHGESICHT – PAUKER – QUÄLGEIST – SCHLAFTABLETTE – SCHWACHMATIKER – SPINNER – WEICHBIRNE

ÖSTERREICHISCHE SCHIMPFWÖRTER

STUFE 3

LÖSUNG–SUCHSEL 29

R	R	A	D	I	R	U	R	Q	R	S	H	N	E	X	T	D	Y	V	B
G	H	H	E	G	R	Q	L	V	Q	O	O	M	E	A	X	T	X	B	Y
A	B	V	D	N	N	E	C	D	D	N	E	N	E	C	X	B	X	E	D
D	W	B	P	P	C	B	B	U	E	E	V	A	Y	A	F	P	E	C	K
W	S	T	E	S	T	E	A	L	R	P	S	N	P	I	C	H	L	Y	L
A	T	R	L	L	X	L	H	L	I	A	V	C	D	G	Z	F	L	F	X
P	U	E	O	E	G	F	R	A	S	T	Q	G	H	I	Y	S	H	H	B
N	R	C	W	T	T	T	Y	I	G	Z	Z	U	Z	E	L	S	D	S	R
B	S	U	S	E	Z	V	U	Y	D	H	S	G	U	W	K	L	L	C	U
U	C	B	K	R	X	P	R	A	U	T	G	A	N	B	H	D	O	H	N
P	H	A	N	E	B	U	I	L	F	P	G	F	P	E	G	R	B	N	Z
Q	Ä	Z	A	A	P	K	P	P	K	C	P	O	F	T	I	U	P	E	K
N	D	I	U	S	Q	Z	F	I	P	U	C	P	V	T	U	ß	A	E	O
J	E	P	S	M	Z	T	U	Q	Y	N	M	P	B	B	E	V	E	B	P
M	L	F	E	T	Z	N	S	C	H	Ä	D	E	L	R	P	D	N	R	F
A	C	U	R	Z	A	C	C	O	O	M	O	R	L	U	C	Z	Q	U	H
W	M	A	E	G	K	U	H	L	E	K	J	K	J	N	T	X	Q	N	U
T	G	Y	R	P	Y	Z	E	L	Y	J	R	O	P	Z	H	Q	V	Z	X
G	H	A	S	C	H	E	R	L	A	Q	T	P	C	A	X	O	N	A	H
E	S	K	J	P	D	H	L	M	N	Y	I	F	I	L	F	P	U	V	Y

BAZI – BETTBRUNZA – BLITZGNEIßER – BRUNZKOPF –
DESCHEK – DILLO – FETZNSCHÄDEL – FOPPERKOPF –
GFRAST – HASCHERL – KNAUSERER – PFUSCHER –
ROTZPIPPN – SCHNEEBRUNZA – STURSCHÄDEL

DEUTSCHE SCHIMPFWÖRTER
STUFE 3
LÖSUNG–SUCHSEL 30

```
F P Y E P E Y Y A G F Q M G H O Y B V N
Q S I E K R I E A X Q U Ä L G E I S T S
Z O Q L T B P M O K G A N S F U P K D Q
I L L B Y S Z H R Q X C D T Y H T U U Q
M W I V H E C W T H M K G R R C Y Z B R
P V L B E N Y C U K W S H S J U D R X H
E Y J T U Z E B S T K A J Y V G Y U N Q
R I O Y C Ä T U S I U L H A Z U L E H U
L I N S H H G P I K U B W I K Q G W K V
I E C V L L B E T R I E B S U N F A L L
E O T G E E K A Z G C R X N P C W S U E
S N S W R R D Q P V I F S E A H R O G C
E E L B L G N X I M I U U P U A T V S C
E A E A E I R G N F P W U R K U P C C I
R Q Q G H R K T K H H L J O E V B I H H
R Q I A U S C H L I T Z O H R I H H E U
I D V G N M E S E I Q U N Y C N G U I Z
A D Q E S R M X R G W I L A X I T U ß J
S C H L A P P S C H W A N Z R S J W E P
A V D M D U M M B E U T E L C T X N R V
```

BAGAGE – BETRIEBSUNFALL – CHAUVINIST – DUMMBEUTEL – ERBSENZÄHLER – HEUCHLER – KLUGSCHEIßER – PAUKER – QUACKSALBER – QUÄLGEIST – SCHLAPPSCHWANZ – SCHLITZOHR – SITZPINKLER – TUSSI – ZIMPERLIESE

DEUTSCHE SCHIMPFWÖRTER
STUFE 4
LÖSUNG–SUCHSEL 31

T	T	D	V	X	N	N	A	M	L	E	P	M	A	H	B	G	X	V	Q
E	G	N	A	L	H	C	S	N	E	L	L	I	R	B	T	T	V	X	U
V	G	H	H	V	N	R	I	H	N	E	S	B	R	E	F	S	S	Z	H
R	O	R	E	U	R	M	V	X	A	U	H	O	P	K	K	D	N	P	O
Z	E	Q	G	D	D	E	M	M	Y	H	C	S	R	A	D	Ö	L	B	C
R	T	T	Q	Q	Z	H	B	R	C	A	D	J	T	W	W	J	Q	A	H
U	X	R	I	O	I	P	E	I	T	S	E	B	Q	S	R	I	Q	V	S
X	M	N	Y	E	P	W	E	V	E	G	L	H	E	J	A	Z	H	G	T
O	J	T	E	S	R	E	B	P	T	R	T	C	D	H	W	L	T	M	A
D	W	C	R	A	E	N	Z	T	F	Z	T	O	C	F	C	T	E	D	P
C	R	D	F	I	N	G	E	N	B	R	T	L	P	A	A	S	N	U	L
P	H	A	B	N	O	D	Ä	F	G	C	E	H	E	E	R	R	U	K	E
K	L	J	C	I	H	Z	E	S	A	X	Z	C	O	M	P	D	T	L	R
H	A	Y	S	H	F	B	H	R	N	R	U	S	H	V	A	H	R	S	O
L	S	I	I	G	E	D	V	I	T	E	G	R	P	D	V	K	Z	H	Z
G	M	T	V	S	T	P	F	E	X	A	V	A	J	H	A	U	V	G	R
P	O	L	B	P	Z	M	H	Y	G	E	L	R	R	J	P	C	S	L	E
H	U	M	L	T	L	K	A	B	N	X	A	E	E	A	D	O	H	O	B
D	E	X	L	W	N	S	K	W	D	C	Y	B	R	N	P	H	U	S	D
E	T	S	R	Ü	B	Z	T	A	R	K	W	O	I	R	H	Q	S	L	I

BESTIE – BLÖDARSCH – BRILLENSCHLANGE – DRACHE –
ERBSENHIRN – FRECHDACHS – HAMPELMANN – HOCHSTAPLER
– KAMELTREIBER – KRATZBÜRSTE – LUSCHE – NEANDERTALER –
NERVENSÄGE – OBERARSCHLOCH – PARAGRAFENREITER

DEUTSCHE SCHIMPFWÖRTER

STUFE 3

LÖSUNG–SUCHSEL 32

```
S  Z  B  X  X  D  R  A  I  R  B  A  D  E  H  J  W  A  W  I
H  F  Y  M  K  X  V  N  F  B  L  S  B  U  T  E  D  R  S  L
T  B  L  L  J  B  L  O  Y  F  M  D  H  W  F  E  R  F  D  A
O  S  L  Ü  X  Y  S  S  G  M  B  U  X  I  S  N  E  M  D  E
M  C  E  U  M  A  S  L  L  E  W  Z  P  X  M  M  I  I  I  I
W  H  Z  A  T  M  H  S  H  E  L  L  I  E  W  Y  K  E  B  I
C  O  T  Q  H  S  E  Q  U  R  A  S  Z  U  G  V  Ä  G  P  G
M  ß  X  T  Q  Y  A  L  U  I  H  T  C  W  P  X  S  K  P  R
U  H  V  U  H  T  T  U  B  O  E  I  U  H  A  U  E  K  F  U
K  U  W  B  F  O  Q  G  G  N  T  N  M  V  E  V  H  I  E  A
H  N  F  I  A  D  L  I  G  E  A  K  H  Z  B  U  O  R  I  S
Q  D  D  M  L  O  H  Z  Y  A  R  S  Y  Y  O  X  C  R  F  P
U  D  U  X  V  D  K  K  K  G  K  T  E  T  M  M  H  H  E  E
U  J  U  E  P  U  S  N  O  O  O  I  S  W  K  R  B  F  E  I
B  M  C  D  R  N  J  C  F  F  P  E  A  T  E  A  J  I  M  L
Z  F  R  A  T  Z  E  I  H  J  F  F  N  W  E  I  Y  F  E  L
S  T  W  R  I  H  I  W  W  W  N  E  R  G  A  U  S  E  G  B
H  H  Y  S  C  H  L  A  M  P  E  L  R  D  P  P  H  C  K  I
P  H  M  N  S  P  Y  Z  H  D  K  I  R  N  T  S  I  N  C  M
Q  U  A  R  K  T  A  S  C  H  E  E  N  T  J  R  M  A  W  I
```

BLUTSAUGER – DREIKÄSEHOCH – FRATZE – HOLZKOPF –
KOFFER – LÜMMEL – NASEWEIS – PFEIFE – QUARKTASCHE –
SCHLAMPE – SCHOßHUND – STINKSTIEFEL –
VOGELSCHEUCHE – WILDSCHWEIN – ZOMBIE

DEUTSCHE SCHIMPFWÖRTER
STUFE 4
LÖSUNG–SUCHSEL 33

```
V  W  B  T  Z  S  O  A  I  R  K  E  R  S  B  D  Q  B  B  J
A  X  U  H  O  K  G  J  V  T  H  X  K  L  W  V  C  Q  A  F
C  M  N  I  K  I  R  I  W  A  T  H  Q  C  H  G  E  U  P  F
I  O  H  S  U  V  D  U  H  R  W  M  U  C  A  H  B  Y  M  U
N  V  S  S  P  S  N  I  C  G  Z  U  A  U  C  S  V  I  R  R
N  R  U  D  O  A  N  S  S  C  R  W  S  W  Y  K  T  K  L  I
D  K  C  A  S  K  C  E  R  D  B  I  S  Z  M  P  F  T  I  E
C  Z  S  E  X  B  E  Q  A  S  U  L  E  M  M  A  H  H  E  K
S  E  S  M  E  R  B  Y  T  R  A  P  L  Q  E  Z  O  O  K  F
D  S  S  A  C  K  G  E  S  I  C  H  T  N  Q  W  D  H  G  Z
U  Z  N  K  T  V  T  B  L  Ö  D  M  A  N  N  I  B  L  E  X
X  U  R  E  K  C  A  K  N  E  H  T  N  I  R  R  O  K  D  V
S  Z  M  E  X  W  O  N  V  B  M  J  T  N  B  I  R  O  R  N
G  S  C  E  K  R  H  Z  J  R  O  G  E  O  S  W  X  P  V  K
B  T  R  A  V  I  N  E  G  Q  C  P  I  D  N  M  H  F  T  E
K  H  V  Z  N  G  T  E  M  B  U  I  Z  D  A  V  V  S  O  A
R  E  Z  T  U  P  S  U  A  E  H  C  A  R  D  S  U  A  H  O
M  W  W  Q  U  A  C  K  S  A  L  B  E  R  D  U  U  I  O  I
C  E  D  L  F  T  S  X  U  K  T  Y  E  A  H  N  T  O  G  P
B  A  C  F  H  Y  H  O  Y  B  B  U  V  W  U  M  D  E  D  F
```

ARSCH – AUSPUTZER – BLÖDMANN – DRECKSACK –
FETTSACK – FURIE – HAMMEL – HAUSDRACHE – HOHLKOPF
– IDIOT – KORRINTHENKACKER – PARTYBREMSE –
QUACKSALBER – QUASSELTANTE – SACKGESICHT

DEUTSCHE SCHIMPFWÖRTER

STUFE 4

LÖSUNG–SUCHSEL 34

```
F E T F H S D K R Y X S M R T X H M G M
Y C D V F W B A I L O V A C N N E S O E
D A D Q D X H B F G Q H R F F S H Y J I
E L I J J H X T N F J H C T I B A O P E
B E M U N D Y H E D Q L V Y S O G J U C
F K L Q X K L I K L V T P O R I R E D X
R C L U X O M E F M A U H Q N I N G C C
U A R A M B R E M S E R O D Y A E N G R
I B E D M P U F C I R F N L L W B A U Q
N F K R Z M K Z X N S I I T J U E Z I U
O P C A X W E C N G U T E I O F O ß B A
J M E T I A A R A W Q C S M W A D I L T
L U H S X D J S A S K L P T M G L E P S
D D C C B K U X I F R J Z A Ü B V B X C
Q I L H V I V D V E F E O O X C S F T H
N G L Ä G W D I S R D E M L L H K Q E K
U Z U D T T H G X V H N T M P L T A R O
T K N E T A R B S N A T A S A E X D O P
T C R L L H T U S L N I K L N J I A T F
E N E H C N H Ö S R E T T U M D D X R H
```

BEIßZANGE – BITCH – BREMSER – DUMPFBACKE –
JAMMERSACK – KLAMMERAFFE – LANDEI – LUMP –
MISTSTÜCK – MUTTERSÖHNCHEN – NULLCHECKER – NUTTE
– QUADRATSCHÄDEL – QUATSCHKOPF – SATANSBRATEN

DEUTSCHE SCHIMPFWÖRTER
STUFE 4
LÖSUNG–SUCHSEL 35

```
K A N H A D Q Z I O H B F J S H V Y L L
N U A O O K I M Ü C K E N H I R N T H H
A N V D K N H L R S P G B U E V H B Z E
L T C Q I Z I Q E S X Q L U D S Q V N A
L O K Q N P P G J T M J H A S E N F U ß
K G U E S K U R K U T H T Y I W V I J W
O Q H R X F H P O U R A C U L S N D P D
P S S E T L B G S L C V N S W J H F G Z
F Q A H P A S A R G E H H T S N K U B N
H N I C D S M R E O E T E K A P L E K E
H P D S A C Y C G A Y S D N H T D R V H
Y P N U T H D E Ä P N I I P P I M A O C
H N G F J E G L R V G E K C T F E F A T
D R V P R T T O T T S R H A H G E U L T
S K R R D D Z N L N J O N S O T M R A I
Z L W U A P P R E M M U N L L U N M D L
S J K K B L I S B Y H L U E S Y G S U F
S L U Y T H V U A P Z Q X D Q X J H T Z
O P G R U F T I K E L E M X I B J D P Z
M M H O Y M N L Ü G E N B A R O N J W W
```

DILETTANT – EKELPAKET – FLASCHE – FLITTCHEN – GRUFTI
– HASENFUß – HONIGKUCHENPFERD – KABELTRÄGER –
KNALLKOPF – KURPFUSCHER – LÜGENBARON –
MÜCKENHIRN – NULLNUMMER – PROLET – PUPSGESICHT

DEUTSCHE SCHIMPFWÖRTER
STUFE 4
LÖSUNG–SUCHSEL 36

```
E N R A V A F K Y H M O I T X J S G V G
K U N Q U S X D X E M B S Y D P N A O J
S L K Q M M C I P S Z Y H Z M S T F J R
S L J D C K X H C S R A M H A L Q W H E
Q P P W A N D E R P O K A L I V O W T R
D E P A P P N A S E E T I C T T F D K H
E I L R S S H P R N C C W G N R S D I O
S L E R G H Y P A U T K A L D J R W F B
B E F W B I B C R I S T S W Z N J O W N
A R E G I L I E H N I E H C S F C N R E
S I K W T E D H S O D T D N H P B F M S
T U H X J G E K C E N H C S W R U H W A
A S X Z B N A P E S J I L U N T A E H N
R J X B Z E A Y E P J E Y F N W Y U S Y
D M F D F B F V C P T Y I F T D T J B O
R H S J O Z Q J C U V D B S H J T J F E
I N M X K T P J C E K C A B F O O D F N
V P D X I O T L S H F R S U K I T F U L
Q B P R L R D N K E S E I L R E P M I Z
G U U D V O S F P R U B V O W W V D Q F
```

BASTARD – DOLM – DOOFBACKE – LAHMARSCH – LUFTIKUS
– NASENBOHRER – NULLPEILER – PAPPNASE – PSYCHO –
ROTZBENGEL – SCHEINHEILIGER – SCHNECKE –
SCHRECKSCHRAUBE – WANDERPOKAL – ZIMPERLIESE

DEUTSCHE SCHIMPFWÖRTER
STUFE 4
LÖSUNG–SUCHSEL 37

X	U	A	S	K	C	E	R	D	N	W	D	K	T	L	G	Z	N	V	K
Y	P	V	W	A	L	B	W	T	F	E	H	A	C	V	P	G	Q	Q	Y
F	S	E	E	F	A	O	B	C	O	W	G	F	U	A	L	S	E	L	E
K	F	H	A	U	I	M	B	M	M	R	U	A	V	Y	L	I	N	U	S
H	U	C	W	E	D	S	D	M	T	I	P	U	R	P	Z	M	C	N	S
D	W	I	N	N	E	K	C	O	R	B	Z	T	O	K	E	F	Ä	K	E
C	R	E	D	T	H	I	M	H	D	Z	V	O	I	I	Z	G	E	D	R
S	D	L	F	R	W	T	M	T	K	Y	S	H	N	V	G	I	E	L	F
X	U	H	L	F	Z	I	X	U	G	O	H	E	C	Z	A	G	E	F	K
J	M	C	I	E	A	Y	Z	F	S	C	P	Z	A	L	S	P	A	G	C
B	M	S	E	D	D	K	U	E	I	R	E	F	G	B	H	U	K	D	A
B	B	D	G	Y	Z	O	A	R	S	C	H	G	E	I	G	E	M	B	H
E	A	N	E	M	Q	U	M	W	L	U	G	O	E	S	U	A	N	A	B
L	T	I	N	B	D	R	H	F	S	U	S	U	L	W	G	E	Z	U	Z
C	Z	L	F	N	P	D	S	X	U	T	G	L	Z	T	V	R	T	U	V
Q	E	B	Ä	S	B	L	U	E	C	A	V	Y	U	Q	T	N	J	X	S
C	L	C	N	T	L	O	K	O	P	E	L	Q	S	E	P	Q	G	T	I
Y	V	U	G	T	I	B	N	O	F	B	J	S	S	N	H	N	M	E	D
D	B	Q	E	A	Q	O	H	Y	H	U	B	X	U	M	N	O	P	Q	X
I	E	D	R	Ü	C	K	E	B	E	R	G	E	R	A	U	R	V	N	T

ARSCHGEIGE – AUSLAUFMODELL – BANAUSE – BLINDSCHLEICHE – DÄMLACK – DRECKSAU – DRÜCKEBERGER – DUMMBATZ – FISCHKOPF – FLIEGENFÄNGER – GEIZKRAGEN – HACKFRESSE – HEULSUSE – KOBOLD – KOTZBROCKEN

DEUTSCHE SCHIMPFWÖRTER
STUFE 4
LÖSUNG–SUCHSEL 38

```
B D P D P X Y S V Q S U Q Y W I A I E U
Z R U X S C H M U T Z F I N K R B D E H
H H F R L N I W P O S V S Q E W R M J E
E F F A G U Z N A R R W C B X O V T H T
R M U U I X X I M R I H H J E I N G D I
E L X B C B Y E H E V M L U O S P E P S
F P E S V R A W Y R H D I G Y V V X L R
S K C A T K G H N R X A T T J I P B X Y
K T A S C L T C T O F X Z M I Q G F M A
E C F I P A U S E N C L O W N V Y H G R
K F Y H H E K N T H V B H Q Y G L A S S
Z P B N D G D E Q C K X R W N H J I R C
R O A S H B P D E S A F T S A C K H N H
E K B L D O P A N T O F F E L H E L D G
H M R Z F F S R G W P E M U Z E Y A K E
C M T W I P F E R D E A R S C H N Y N S
S U M B M G V M D M P O E Q C M B F M I
K D A M Z Y J A H N C U V E Z D L S S C
K S A N F E M K L T U V A G D O I V V H
S B R I D B S A I S N H Z L A E C P T T
```

ANZUGAFFE – ARSCHGESICHT – BABYFACE – DUMMKOPF –
HUNDESOHN – KAMERADENSCHWEIN – PANTOFFELHELD –
PAUSENCLOWN – PFERDEARSCH – PRIMITIVLING – SAFTSACK –
SCHERZKEKS – SCHLITZOHR – SCHMUTZFINK – SCHNORRER

ÖSTERREICHISCHE SCHIMPFWÖRTER

STUFE 3

LÖSUNG–SUCHSEL 39

H	V	E	F	E	W	X	D	G	O	S	C	H	A	T	A	W	E	A	V
C	S	A	J	Q	K	X	Y	A	X	F	E	J	D	L	I	C	G	J	E
D	O	C	M	K	R	A	U	T	S	T	A	U	D	E	N	G	F	Q	F
J	X	W	H	U	O	F	J	S	C	H	L	A	W	I	N	E	R	Z	S
U	S	S	O	W	K	H	H	W	A	D	X	I	J	V	E	W	A	T	H
E	Q	L	I	V	I	M	A	O	P	C	W	L	C	B	N	H	S	W	S
U	A	N	G	T	Q	N	Y	N	S	D	K	R	Ä	T	Z	N	T	L	V
K	Z	Q	S	B	I	N	D	N	F	E	C	L	S	E	E	L	S	O	E
O	G	P	C	S	C	D	J	L	B	N	N	K	P	E	N	E	A	T	F
T	W	S	X	S	E	N	I	I	B	X	S	H	I	O	R	C	R	L
T	V	I	P	M	H	P	L	L	E	C	L	Q	C	B	C	L	K	U	I
N	D	M	Q	R	U	P	V	X	M	I	H	U	R	H	U	K	L	T	T
Q	K	M	U	B	I	A	D	G	I	V	V	A	N	Q	E	G	A	S	S
L	V	V	A	O	K	T	T	L	Q	Q	Z	F	A	Z	Z	I	J	C	C
B	D	P	X	F	A	A	Z	D	H	M	D	T	C	Q	N	S	ß	H	H
R	I	G	E	A	S	F	H	T	I	X	Z	V	S	Z	H	D	I	E	E
T	B	Q	Z	Z	P	M	S	C	E	F	L	H	J	E	B	F	F	R	R
C	O	F	K	E	E	D	A	S	U	R	M	P	R	J	N	H	Y	L	L
S	U	S	T	N	R	X	O	V	C	V	Y	J	G	K	G	Y	N	H	X
T	X	E	T	G	L	U	S	G	P	U	J	H	K	N	A	G	T	H	A

BLUNZN – DEPPATA – FLITSCHERL – GFRASTSACKL –
GOSCHATA – GSPRITZTER – HOSENSCHEIßER – KASPERL –
KRÄTZN – KRAUTSTAUDEN – SACKLPICKA – SCHLAWINER –
SCHWINDLICHA – SURM – TRUTSCHERL

DEUTSCHE SCHIMPFWÖRTER

STUFE 4

LÖSUNG–SUCHSEL 40

```
S D H G R U L F Q S H G W I N D H U N D
K H I K N K M L F H Z M M X P I H C R Q
S I Y U W L G Z S L O C Y B K I I Q D L
A H T A B D P S M A U L H E L D P H E D
S B E S N E F O I A R Z Y G Q T A C J I
O Y I R S A N G S T H A S E K A F I N S
H A B N E P M F X E Z I C I Z B K A V C
N D I B W B I A T Y J P M L R O S S X H
Q Z A X F P E C T D I T I F E R I D O L
I O D T W R T G K E I J D N L K Z P W A
V K S S I E X L N E U O B E K A T S R P
I G Z N J ß S I J A L R P B V L B R C P
S G G H E E A E Z B W G V U E A E I Q S
K C J K E I O G I E T S E T E N S R Q C
Y X H Q K P G H C O L H C S R A E A E H
N Q U N S S G K N X X D V I X U A E W
C P V J Ö F V R E V N W S W N C T Z Z A
K W K Y H S H F A K L R R K X H H J V N
T S U P W C E A R W S E R E P M Ü T S Z
E R I H I S M L T L U Z J A I U D Q D D
```

AMATEUR – ANALAKROBAT – ANGEBER – ANGSTHASE – ARSCHLOCH – MAULHELD – PICKELGESICHT – SCHLAPPSCHWANZ – SCHNÖSEL – SITZPINKLER – SPIESSER – STUBENFLIEGE – STÜMPER – WINDHUND – ZICKE